ASOMBROSA
CERCANÍA

Padre Tadeusz Dajczer

ASOMBROSA
CERCANÍA

Meditaciones sobre la Eucaristía

PARACLETE PRESS
BREWSTER, MASSACHUSETTS

2012 Primera Impresión

Asombrosa cercanía: Meditaciones sobre la Eucaristía

Copyright © 2009 by Bolesław Szewc

ISBN 978-1-61261-201-0

El titulo original: *Zdumiewająca bliskość*
Traducción: Ana María Carrizosa De Narváez
Corrección: Mauricio Rubiano Carreño

Nihil obstat
Rev. Richard D. Wilson
Censor Deputatus

Imprimatur
+Most Reverend George W. Coleman, D.D., S.T.L.
Bishop of Fall River, Massachusetts
August 15, 2012

> *El nihil obstat e imprimatur son declaraciones oficiales que un libro o folleto es libre de error doctrinal o moral. Esto no contine ninguna implicación que los que otorgan el nihil obstat o imprimatur están de acuerdo con el contenido o las declaraciones exprimidas.*

Los textos citados de las Sagradas Escrituras han sido tomados de la Biblia de Jerusalén, de la Editorial Española Desclée de Brouwer, S.A., 1976.

La Biblioteca del Congreso (The Library of Congress) ha catalogado la edición en inglés de este libro de la manera siguiente:

Library of Congress Cataloging-in-Publication Data

Dajczer, Tadeusz.
  [Zdumiewajaca bliskosc. English]
  Amazing nearness : meditations on the Eucharist / Tadeusz Dajczer.
     p. cm.
  ISBN 978-1-61261-200-3 (hc jacket)
  1. Lord's Supper—Catholic Church—Meditations. 2. Spirituality—Catholic Church—Meditations. I. Title.
  BX2169.D3313 2012
  234'.163—dc23   2012003951

10 9 8 7 6 5 4 3 2 1

Published in North America in 2012 by Paraclete Press
Brewster, Massachusetts
www.paracletepress.com
Printed in the United States of America

ÍNDICE

PRÓLOGO
DEL
Arzobisop Jozef Michalik,
DE LA ARQUIDIÓCESIS METROPOLITANA
DE PRZEMYSL, PRESIDENTE DE LA
CONFERENCIA EPISCOPAL POLACA

El amor es un don maravilloso. Nace en el corazón y envuelve al hombre entero; es más: invade a la persona amada. No toma en cuenta el esfuerzo, el sacrificio, el sufrimiento. *Todo lo soporta y no acaba nunca* (cf. 1 Co 13, 7-8), le da sentido a nuestra vida y de manera excepcional nos motiva a vivir. Nada teme. Señala las metas que se han de realizar y de manera asombrosa es capaz de llevarlas a cabo. Y si esto es el amor humano, ¡qué decir del amor de Dios! ¡¿Acaso puede existir una definición mejor y más verdadera del amor que la que le dio san Juan al decir que Dios es Amor?!

No obstante es necesario hablar sobre el Amor, sobre todo si hay tanto que decir sobre Él. Además sospecho que el autor de *Asombrosa cercanía* no puede dejar de hablar del Amor. ¡Tenemos curiosidad de saber cómo lo vive y qué nos dirá de él! Lo vive como la asombrosa cercanía de Dios–Amor en la Santísima Eucaristía, y nos conforta la constatación de que el anhelo de buscar ya es encontrar.

Un experimentado guía de expedición a las cumbres sabe que la escalada necesita de instrucciones e incluso advertencias, que él comparte con los demás.

En el camino hacia Dios se necesita silencio, un gran silenciamiento de la imaginación, los deseos, las emociones. Es necesario renunciar a las palabras innecesarias; la simplificación de todo, una franca consciencia de nuestra ignorancia, pobreza interior, el vacío purificador que sólo es capaz de ser llenado por el Amor infinito. Pero este *amor no se descubre a través del conocimiento* sino por medio del contacto, de la cercanía; por medio de lo concreto del encuentro en la Eucaristía.

Uno ve sólo lo que quiere ver —advierte el autor—
y puede no darse cuenta de que Dios lo ama en
forma excepcional, que se compadece a la vista de
su desdicha y de sus dolores, que padece-con uno,
y esto en la cotidianidad de la vida. Sin embargo, a
uno no le basta con la compasión; uno necesita a
Dios mismo, y lo recibe en la Santísima Eucaristía.

Este libro es un insólito comentario a la encíclica
de Benedicto XVI: *Deus Caritas est*. Explica y ayuda
a comprender las clases de amor: *ágape* y *eros* en
relación con la Eucaristía. Sí; es precisamente en la
Eucaristía donde experimentamos la conformación
y unión con Dios, y la reciprocidad que puede
transformarnos en Aquel que nos amó primero.

La teología de la oración de este libro es hermosa,
conmueve la autenticidad de las vivencias y es
como una corriente impetuosa de diálogo que atrae,
mostrando continuamente nuevos encantos de
nuestra realidad vivificada por la fe.

El experimentado autor nos advierte con
preocupación que junto a nosotros también se
encuentra el poder del Odio, que por nada del mundo
debe menospreciarse, y nos enseña que el objetivo

definitivo de nuestra vida interior no es la santificación como tal sino la entrega total a la Iglesia, porque en ella vive Cristo, en ella servimos a los demás, en ella recibimos el don de la Eucaristía, que es el alimento en el camino de la unión del alma con Dios.

El libro no evita las preguntas difíciles sino que, al buscar respuestas, se convierte en un himno en honor del infatigable amor de Dios cercano al hombre o, más bien, enamorado del hombre. Nuestro drama consiste en el hecho de que con mucha frecuencia no somos capaces de descubrirlo ni valorarlo, y tampoco de aprovecharlo eficazmente para un desarrollo creativo.

El Padre Profesor quiere ayudar a suscitar — también desde nuestro corazón— ese esperado grito de anhelo del Infinito, conduciéndonos por el camino de la humildad, mediante el reconocimiento de que estamos lejos de hacer esos maravillosos descubrimientos, que apenas presentimos con la fe y tocamos con nuestro débil amor. No obstante, ya es una gran ganancia el hecho de que advirtamos el valor y la necesidad de ese *camino del corazón,* en las sendas de nuestro anhelo de Dios.

Le agradecemos al autor por su cordial optimismo, por su confianza en el ser humano: que crea que cada uno de nosotros puede ser mejor —y hasta puede ser santo—; basta con que descubramos el Amor, porque: *Dios se complace en los violentos, en estos locos que arrebatan el Reino de los Cielos (cf. Mt 11, 12). Lo arrebatan sin ser dignos del Reino. Dios no llama a la santidad a los justos sino a los pecadores.* Lo más importante es que tengamos un deseo grande de acoger este mensaje, del cual depende todo lo demás. Ayudémonos, por lo tanto, en este camino maravilloso ofreciendo nuestra oración con Jesús de la Santísima Eucaristía.

+ Józef Michalik
Premysl, 28 de octubre del 2008.

ASOMBROSA
CERCANÍA

I

EL AUTOR UTILIZA CON FRECUENCIA EN EL
TEXTO LA PRIMERA PERSONA. SIN EMBARGO, SU
INTENCIÓN NO ES EXTERIORIZAR CONFIDENCIAS
PERSONALES. SIMPLEMENTE QUIERE RESPETAR
AL LECTOR, NO INSTRUIRLO NI ALECCIONARLO.

Me busca hasta
el cansancio

Al observar mi vida veo que continuamente me extravío.

Mi vida es un continuo extraviarme para que Él me encuentre, para que lo necesite cada vez más, para que se vuelva cada vez más cercano; para que continuamente descubra que *Él, buscándome, se sentó agotado*[1]. "Agotado" parece significar aquí también: "amor hasta el cansancio". Después del pecado original Dios amará al hombre buscándolo "hasta el cansancio", hasta el agotamiento.

---

1. *Quarens me, sedisti lassus*: Buscándome, te sentaste agotado. Verso sacado del himno de las Laudes recomendado en la Liturgia de las Horas para el día viernes XXXIV del tiempo Ordinario: última semana del año litúrgico. Obviamente hace referencia al encuentro de Jesús con la Samaritana (Jn 4,6).

En la Eucaristía Jesús me visita a mí, que continuamente estoy extraviado. Este extravío es mi estado normal; por lo tanto no hay motivo para entristecerse. Sólo como alguien que está extraviado puedo ser encontrado. De otra manera Él no me encontrará, porque no creeré necesitarlo, no le permitiré al Amor eucarístico entrar en mí. El hecho es que deben haber dos amores que se buscan mutuamente. Él siempre me da la gracia para que lo busque, porque mi búsqueda es expresión de la fe, la esperanza y el amor.

Él me busca hasta el cansancio, hasta el agotamiento. Este cansancio lo conducirá hasta la Cruz. Cruz que no es un fracaso, que no es el final; que se transformará en el poder y la gloria de la Resurrección. La Cruz es el signo de Dios que me salva, que se revela continuamente en la Eucaristía y que al mismo tiempo se esconde tanto que puedo no "verlo" e, incluso, no quererlo.

Él me quiere encontrar incesantemente, en cada momento, en cada instante de mi vida; pero de manera especial en la Eucaristía, en donde me puede asumir y en donde yo puedo encontrarme con Él, como Magdalena, después de la Resurrección. Ella estaba feliz al descubrir que todo lo que parecía perdido había vuelto a aparecer nuevamente con un poder todavía mayor. ¿Por qué pensaba ella que todo parecía perdido? Porque si había muerto Aquél que le había perdonado todo, también ese perdón había "muerto", había perdido su significación. Si Él había fracasado totalmente junto con el aparente fracaso que significó la Cruz, ella también habría fracasado totalmente. Ya no habría perdón, pues Él ya no estaba vivo. Haber encontrado a Jesús a quien buscaba era, por lo tanto, algo maravilloso. Él le había devuelto el sentido y la vida... y todo lo demás.

Con frecuencia voy a la santa Misa extraviado. Tal vez a veces a mí también me parece que todo está perdido. Pero Él, por medio de su amor eucarístico, me puede volver a dar todo, como a Magdalena, si lo deseo a Él, si lo espero. La participación en la Eucaristía debería ser también un irse abriendo a su amor, que es redentor, que es tanto *ágape* como *eros*, según las maravillosas palabras de Benedicto

XVI[2]. Dios, al venir a mí en la Eucaristía, desea que le permita estar presente tanto en mi buscar como en mi encontrar.

El extravío con el que voy a la santa Misa se convierte para Él en material de Redención. Él **ahora** entrega su Cuerpo[3] por mí. **Ahora** derrama su Sangre por mí, que estoy extraviado en la temporalidad. Restablece mi cercanía con Él. Tal vez incluso más que la cercanía...: eso depende de mí, de la intensidad de mi deseo, de la esperanza de ser encontrado.

En esos momentos de mayor extravío Él mismo me atrae con su gracia desde el altar. Porque Él también "tiene la esperanza" de que descubriré su amor maravilloso, que se derrama desde el altar eucarístico. *En cada santa Misa me buscas. Eres tú quien me busca, no soy Yo el que te busca. Tú siempre eres el primero. Cuando me extravío, cuando me preocupo porque me parece que ya todo está perdido (puesto que por mí mismo no soy capaz de regresar),*

---

2.   Cf. Encíclica *Deus caritas est*, 9-10.
3.   En el original griego, las palabras de la consagración son utilizadas en tiempo presente.

Tú me encuentras para decirme: "Mira, soy Yo; estoy aquí, sobre el altar".

A mí nadie me busca; sólo Él lo hace. Cuando en los momentos de crisis veo que nadie me quiere, entonces puedo aferrarme como al ancla de esta verdad prodigiosa: aunque todo mi ser es más bien el extravío mismo, todo el Ser divino se hace presente buscándome a mí. Y en Él, finalmente, encontraré todo, porque Él me lo da todo. Y precisamente, en el hecho de dármelo todo, descubro que me quiere llevar más profundamente a desearlo sólo a Él. Quiere que comprenda que el mundo —mis amigos, familia, seres queridos, cercanos y lejanos— en realidad no me quiere, porque para el mundo a menudo soy un objeto utilizable, necesario para resolver asuntos. Tarde o temprano descubriré que nadie me quiere por mí mismo; sólo Él.

Tal vez aprenderé también que hay que dejar al mundo ser como es: no hacerle reclamos por no necesitarme; permitir que Dios, a través mío, llegue a los demás, para que la gracia se derrame sobre otras personas. Esta es la ley del Amor: conquistar la mayor cantidad de almas extraviadas, almas que descubran que son anheladas por Dios, lo que significa que Él está enamorado de ellas. Precisamente este enamoramiento es lo que engendra su movimiento de búsqueda; parece decir: *Me buscas demasiado poco, me necesitas demasiado poco, porque todavía no te has enamorado de Mí. Sigues viviendo muy poco de la fe.*

Vivo demasiado poco de la fe, porque con frecuencia vivo como si Él no existiera. Vivir de la fe significa intentar continuamente dirigir mi pensamiento hacia Él. ¿Qué está haciendo Él **ahora**? Cuando yo me levanto, me baño, me preparo para salir, ¿qué hace Él?, ¿descansa?, ¿observa? ¿Está muy lejos? Cuando me estoy desayunando apresurándome —no para ir a su encuentro, sino a trabajar, por lo tanto en estado de extravío—, ¿qué hace Él? Cuando voy a la santa Misa, apresurando el paso para no llegar tarde, para cumplir con el deber, *Él me busca hasta el cansancio.*

Debería abrirme a la luz de esta esperanza: saber que Él me busca siempre, pero sobre todo cuando la Iglesia me permite estar tan cerca de su amor redentor, del amor que se me revela a Sí mismo en el Sacrificio eucarístico. Cuando voy a la santa Misa tal vez Él me conceda el don de la fe y, en la medida de esa fe, mi corazón será feliz porque ¡Él está tan cerca!

De hecho, precisamente a través de la fe puedo "tocarlo". Magdalena no recibió este don. Soy más privilegiado que ella, porque en aquella madrugada de la Pascua de Resurrección, Él no le permitió que lo tocara todavía. La envió a los Apóstoles con una misión. Como si quisiera decirle a ella, ¡o más bien a mí!: *En realidad sólo me "tocas" a través de la fe, cuando en virtud de mis palabras me presento sobre el altar eucarístico para realizar la obra de la Redención, todavía no consumada. No está consumada porque se consumará sólo cuando la recibas plenamente, que siempre estás extraviado. Y me podrás "tocar" cuando, después de terminada la oración eucarística, venga a ti en la santa comunión.*

Pero —debo preguntarme—, ¿acaso comulgar engendra en mí una oración de gratitud? ¿Me apresuro a decirle: *¡Maestro mío, qué bueno que estás* aquí! Tú, resucitado, presente en tu Redención, en tu amor, que es una solicitud tan incomprendida por mí? Algún día —tengo la esperanza— me introducirás en tu gloria. Y entonces veré que durante toda mi vida me buscaste continuamente con tu amor redentor, con tu amor eucarístico.

El don de la longanimidad

Me desanimo mucho porque he intentado muchas veces ir de alguna manera hacia Dios y todavía no lo logro. Siempre sucede lo mismo. O tal vez incluso es peor. Pero el hecho es que no soy yo quien va hacia Dios sino que Él está tan presente en mí, que el querer, la luz y la gracia son tanto como el camino que me conduce[4]. Pero de esto yo nada sé, porque Dios no me quiere mostrar el modo como actúa en mi corazón, en mi alma.

¿Qué debo hacer para no desanimarme? La respuesta es no contar conmigo mismo. Más bien

---

4. Cf. por ejemplo: "Orad como si todo dependiera de Dios y trabajad como si todo dependiese de vosotros" – atribuido a san Ignacio de Loyola, cf. Petrus de Ribadeneyra, *Tractatus de modo gubernandi Sancti Ignatii*, 6,14, (citado por: *Catecismo de la Iglesia Católica*, 2834).

debo sorprenderme cuando algo me sale bien, cuando algo resulta, ya que Dios sólo puede entrar a mi corazón cuando las cosas no resultan, cuando se crea un vacío espiritual para la fe. Él quiere que muchas cosas en mi vida no resulten, para que lo desee más, para que sepa que lo necesito más.

Dios no se desanima conmigo; entonces, ¿por qué he de perder la paciencia?, ¿por qué desanimarme conmigo mismo? Él me ama tal como soy; entonces, ¿por qué no he de amarme tal como soy? Él siempre me da oportunidades; ¿por qué me enfado conmigo y no quiero darme ni una oportunidad?

Santo Tomás de Aquino hace una clara distinción entre paciencia y longanimidad. La paciencia es la capacidad de padecer o soportar diferentes formas inmediatas de mal sin alterarse (*imminentia malorum*); en cambio, la longanimidad es la habilidad de no perturbarse ante el retraso en la llegada del bien (*dilatio bonorum*)[5]. La paciencia está relacionada con el mal que me molesta; por ejemplo mi dolor, el mal comportamiento de alguien, el hecho de que me denigren o perjudiquen. Si ese sufrimiento persiste,

_____
5. *S.th.* IIa-IIae, c.136, a.5.

es posible que en cierto momento me desanime, que monte en cólera o que caiga en la tristeza. Además, existe una segunda fuente de desánimo y tristeza: la falta de algo que deseo y que debo esperar por demasiado tiempo. Es entonces cuando aparece la necesidad de la longanimidad.

En el *Himno sobre la caridad* se dice que "la caridad es paciente" (1 Co 13, 4). En idioma griego precisamente la palabra "paciencia" expresa longanimidad. Sólo el Espíritu Santo —quien santifica mi corazón y, por el poder de las palabras de Cristo, realiza el milagro de la consagración sobre el altar— es el Constructor de mi camino hacia Dios. Él me anima a intentar "mirar a lo lejos", porque el *Himno* dice que la caridad es longánima; la caridad, pues, "mira a lo lejos", no espera resultados inmediatos.

Con frecuencia me cuesta trabajo vivir la longanimidad porque quisiera que todo se diera en seguida; y que yo fuera mejor; y que los demás lo fueran; y también el mundo. Pero Dios nunca tiene prisa. Es en mí donde hay precipitación, la cual genera ruido interior, que puede afectar también mi camino hacia

Él. Mi impaciencia puede adoptar apariencias de celo, de un celo frustrado. Del mismo modo, puede parecer "ira santa", contra mí mismo o contra los demás. Se me olvida que el deseo de que las cosas sucedan "en seguida" puede ser resultado del amor propio, porque el silencio interior es también silencio de la voluntad. Hay que ir hacia Dios, al paso de su amor y no al mío, que tal vez tiene un poco el ávido deseo de que lo que tanto quiero ya se haya realizado.

El mundo sería diferente si hubiera más longanimidad. Pero precisamente el hecho de que me precipite para obtener o lograr algo inmediatamente —también en los asuntos temporales— es consecuencia del pecado original. Me pongo tenso. En cambio, Dios quiere que tenga paz en mi corazón: "mi paz os doy —nos dijo—; no os la doy como la da el mundo..." (Jn 14, 27). Esta paz también significa longanimidad. Porque la paz del corazón es silencio del corazón.

Es curioso notar que Jesús, al venir a los Apóstoles después de la Resurrección, los salude precisamente con las palabras: "La paz con vosotros" (Lc 24, 36). Estas son palabras llenas de poder, que llegan a corazones atemorizados, estremecidos por el drama sucedido en el Calvario, cuando parecía que el mundo entero se había derrumbado para ellos. Y Jesús les dice a esos corazones asustados, incrédulos: *Mi paz os doy*. Quiere llenarlos con fe en su amor y con fe en su poder. A decir verdad, la longanimidad puede surgir únicamente a la luz de la fe en que Dios es amor y en que es Dios de las cosas imposibles.

Se trata de que yo no le estorbe a Dios, de que no lo "apremie". Mientras tanto todo puede derrumbarse. Y tal vez lo sufra como si se tratara de una tragedia. No obstante, en la Cruz y en su Resurrección Él venció al mal. También venció todo lo que conduce al mal, toda inquietud del corazón.

Durante la santa Misa escuchamos el siguiente saludo: "La paz del Señor esté siempre con vosotros". Antes de la santa Comunión oramos pidiendo que Dios proteja nuestros corazones de toda perturbación, porque sólo los corazones sosegados, acallados, pueden acogerlo profundamente, en la medida de ese recogimiento. La santa Comunión, que por el momento recibo de manera tan mediocre, debería ser englobada por la longanimidad que el Espíritu Santo quiere comunicarme, para que no me preocupe por mi relación tan mediocre con Jesús Eucarístico. Porque precisamente en ese momento, durante la celebración eucarística, Él se ofrece a Dios Padre en sacrificio, a través del sacerdote, pero también a través mío, como Hostia santa e inmaculada, por la Redención del mundo y la mía.

Este Don ofrecido a Dios Padre debe retornar a mí en la forma de la santa Comunión, porque este es precisamente el Don que recibo. Durante la Comunión sacramental recibo a ese Dios que un momento antes se había ofrecido sobre el altar, pero que ahora quiere ser el Don que no encuentra obstáculos en mi corazón, acallado, con longanimidad y en actitud de quien lo espera sólo a Él. En realidad no puede ocurrir nada más importante que la venida de Dios sobre el altar en el momento de la consagración, para ser ofrecido como Víctima de sacrificio y, luego, para venir a mi corazón y transformarlo en la medida en que esté abierto a la gracia.

No se debe separar el Sacrificio de la santa Comunión. Así lo considera la Iglesia y así escribe Juan Pablo II. Según él, Sacrificio, Comunión y Presencia han de formar un todo[6]. La fe en la Presencia de Dios vivo en la Eucaristía me ayudará a comprender que Él se ofrece por mí. La fe en la Presencia referida a la Comunión me mostrará que en ese momento estoy recibiendo a Dios y que no hay nada más importante; ni para mí ni para el mundo.

6. Cf. Juan Pablo II, encíclica *Redemptor hominis*, 20.

¡Tan, pero tan cercano!

Mi imagen de Dios está de alguna manera des-figurada, deformada. Durante la santa Misa rezo el "Padre nuestro", y estas palabras, pronunciadas con la fuerza destructiva de la rutina, no me ayudan a descubrir a Dios tal y como verdaderamente es. Suelo no pensar en que ya la primera palabra, *Abba* —*Padre*—, me permite tratarlo con gran ternura: *Abba, Papito que nos amas, que me amas hasta el cansancio...* Pero, después, la palabra *nuestro* me hace tomar consciencia de que debería orar con todos y por todos mis hermanos que todavía no lo conocen[7]. Esta palabra me recuerda que todos los bautizados que "participamos de un solo pan" hemos de ser uno

---

7. Cf. *Catecismo de la Iglesia Católica*, 2793.

solo (cf. 1 Co 10,17). Al alimentarnos de este pan hemos de formar "en Cristo un solo cuerpo y un solo espíritu"[8].

"Buscándome..." Estas palabras expresan su cercanía. ¿Podemos pensar en un Dios lejano? O, por el contrario, tan cercano que está ocupado con cada uno de nosotros INCESANTEMENTE, pero en especial, durante la actualización de milagro eucarístico.

La deformación de la imagen de Dios es resultado del pecado original mismo, que nos es transmitido junto con sus consecuencias; pero también proviene de la cultura, de la educación, de la época en la que vivimos. Y, ante todo, por la resistencia a la gracia, porque una obra buena realizada en obediencia a la gracia forma en nosotros la verdadera imagen de Dios; en cambio, la infidelidad al amor produce una deformación, aunque sea mínima, de esa imagen.

El camino hacia Dios puede concebirse como una transformación gradual de esa imagen de Dios. San Juan de la Cruz habla sobre lo mucho que Dios tiene que purificarnos, quitándonos todas las ficciones de la realidad que se nos han adherido. Este camino

---

8. Cf. Tercera Plegaria Eucarística.

hacia Él, entonces, también puede concebirse como una purificación de la imagen que poseemos de Dios.

Debo permitirle a Dios que Él mismo vaya corrigiendo esa imagen que hay en mí, y que se va aproximando cada vez más a la verdad en el proceso del desarrollo de la fe. La fe me muestra a Dios tal como Él es en realidad. Sé que Dios es amor, que ama a todos pero, cuando pienso o digo que ama a todos, con frecuencia lo coloco en alguna parte muy lejana, enormemente alejado de mí. Esta imagen vaga de Dios puede ser también cómoda: es un Dios, de alguna manera abstracto, sacado de alguna metafísica, poco real. Simplemente digo que Él ama a todos. Pero de hecho Él es Infinidad, y eso es algo que ya no lo puedo imaginar. Este Dios-Infinidad ama de una manera completamente diferente. Cada ser humano es el único para Él; a cada uno lo ama de forma exclusiva. Amar a todos los hombres es algo completamente diferente que amar a un hombre concreto; no se puede amar a todos tal como se ama a esa única persona elegida. Y precisamente por eso la afirmación: "Dios ama a todos" suena tan abstracta, tan vaga, tan poco atrayente.

Esta idea es semejante a una homilía dirigida a todas las personas congregadas en la iglesia. Incluso si a todos les agradara y estuvieran de acuerdo con lo que escuchan, en realidad no son comprometedoras para muchos. Si el mismo sacerdote dijera lo mismo a una sola persona, lo tomaría como un llamamiento dirigido precisamente **a ella**. De alguna manera tendría que adoptar una actitud hacia él. Aparecería una polarización: constataría que no acepta esas palabras, pues le cambiarían la vida, o bien, las aceptaría. Algo tiene que suceder si alguien me dirige su petición exclusivamente a mí: si no respondo a ella habrán consecuencias, por ejemplo: esa persona sufrirá una desilusión, las relaciones se enfriarán, etc. En cambio, si esa misma petición la dirigiera a todos, no se darían esas consecuencias.

En la medida en que vaya profundizándose mi fe, iré descubriendo gradualmente la cercanía de Dios, como amor exclusivo. Iré descubriendo el amor inconcebible de Aquel que en la Eucaristía se me entrega totalmente pero que, al mismo tiempo, me anima a amarlo y a servirlo en mis hermanos.

Habiendo sido tan terriblemente torturado, flagelado, crucificado, resucitaste. La humanidad fue redimida. Eso significa que yo fui redimido como si fuera el único para ti. ¿Y los frutos? El Espíritu Santo descendió. Es el Espíritu que nos abre a la gracia de la Redención. ¿Acaso ahora mismo no desciende? El mundo —y yo con él— corre hacia alguna parte, como si Dios no existiera, como si las gracias de la Redención actualizada en cada santa Misa no esperaran que los corazones humanos se abrieran a ella, que mi corazón se abriera...

Después de las palabras del rito de conclusión, la santa Misa continúa. Perdura la búsqueda sin fin que realiza el Dios Redentor, búsqueda de alguien enmarañado en sus deseos, a ras de tierra. El simbolismo del Cristo Pensativo[9] adquiere en el

---

9.   Presente al sur de Alemania, Austria y Polonia. (Nota del traductor: Representación de Jesús contemplativo, sentado, soportando su cabeza con una mano. Según algunos autores, se sitúa momentos antes de la crucifixión. Es más común en escultura que en pintura. Tiene la corona de espinas y las marcas de la flagelación en su cuerpo cuando está medio desnudo. La primera representación conocida apareció en Alemania, Austria y los Países Bajos, al final del siglo XIV. Fue más adelante cuando se difundió en Polonia).

mundo extraviado de hoy una intensidad aún mayor: Dios Redentor afligido por la pobreza humana, preocupado por el hombre: por mí, que me pierdo en la temporalidad, que me sumerjo en ella, como si sólo ella existiera.

Quaerens me, sedisti lassus. Buscándome, te sentaste extenuado.

No me convertiré, no elegiré a Dios, no lo seguiré hasta el fin, si no llego a creer que Él me ama con exclusividad. Iré madurando hacia esta verdad todavía por mucho tiempo, porque todavía por mucho tiempo me defenderé de ella. Temeré las consecuencias que trae consigo. Es admirable que el ser humano pueda tener miedo no solamente de Dios como juez sino también de Dios como amor, porque siendo su amor por mí es exclusivo, no puede permanecer inactivo: me ama constantemente.

Pienso: *"Dios tiene muchísimos asuntos más importantes que yo"*. Pero este pensamiento es una tentación, pues no es verdad. Él está ocupado del mundo, siempre y de manera exclusiva pero, al mismo tiempo, se ocupa de mí, siempre y de manera exclusiva. Porque es Dios, es Infinitud, todo su Ser se ocupa del mundo y, a la vez, todo su Ser se ocupa de mí.

Pueden tener lugar en mi vida momentos en los que todo se derrumbe, en los que vea mi mal, y este mal comience a crecer ante mis ojos hasta abrumarme. Tal vez entonces me sumerja en la tristeza, piense que para mí no hay salida.

Estos estados pueden aparecer porque Dios quiere desvelarme la verdad sobre mí ya que, según las palabras del Salvador, el Espíritu Santo ha de convencer al mundo en lo referente al pecado (cf. Jn 16, 8). Y cuando esté así, abrumado, inundado de concupiscencias, de tentaciones, de la propia tibieza, de la tristeza por la falta de resultados —sobre todo en la vida espiritual—, si atendiera a la voz de la gracia y escuchara estas asombrosas palabras: *"Él, Dios, te ama con amor exclusivo, Él existe todo para ti"*, podrían aparecer lágrimas, ya no de tristeza, sino de alegría. Si Él, Dios mismo, me ama tanto, nada está perdido. Él no me permitirá perderme. Llegará la luz. Todo recobrará sentido.

Pero también puedo pensar: ¿Acaso es posible que Dios me ame de esa manera?, ¿a alguien tan miserable como yo, que continuamente le niega algo? Si me esforzara por creer —aunque sea un poco— que Él me ama con ese amor particular, perdería importancia el hecho de que esté tan manchado, cubierto de algo que tal vez huele mal; todo estaría bien, nunca es demasiado tarde para mi conversión. Si llegara a creer **verdaderamente** en ese amor, la tristeza no habitaría en mi corazón, sería de hecho una disonancia. Él existe todo para mí, lo que significa que nunca renunciará a mí, que nunca me abandonará. Mi tristeza, por el contrario, significaría entonces que el amor de Dios no me basta.

Fui creado por Dios y soy amado por Él. El amor de Dios por mí es apasionado, como subraya Benedicto XVI[10]. Él me amó con un amor que es precisamente así, apasionado; esto significa que, para Él yo soy el único que existe. Él me ama con toda la pasión de un verdadero amor[11].

---

10. Benedicto XVI, *Deus caritas est*, 9,10.
11. Cf. íbidem, 10.

Así es Dios, a quien todavía no descubro del todo, porque todavía no he llegado a creer que para Él soy el único tesoro, que Él no hace otra cosa que cuidar de mí. Por el momento no he comprendido mucho de qué manera me cuida para que no me pierda en el camino que sigo hacia su encuentro, sin embargo, cuando voy por ahí, por la vida, Él está a mi lado, siempre preocupado por mí. Siempre.

Debo intentar creer en esto, intentar ser cristiano, pues el hecho de que me defina como cristiano no significa que lo sea. Una verdad de fe es que Dios es amor, y esta no es una verdad abstracta: su amor no es un amor general, un amor por todos. Si me hago consciente de que soy como un hijo único, amado, descubriré que no es que a Él le guste estar junto a mí, sino que simplemente **no tiene a nadie ni nada fuera de mí**.

Lo que ocurre es que a través mío quiere tener a todos sus demás hijos. Quiere, en mí, servir a mis hermanos. En sus plegarias de la Misa, la Iglesia con frecuencia pide que Dios, nuestro Padre, nos reconforte en torno a su mesa, haga que el Sacramento del Cuerpo y de la Sangre de su Hijo "nos confirme en la caridad y nos mueva a servirlo en los hermanos".

Tengo que procurar ser cristiano o, más bien, irme volviendo cristiano, para ir descubriendo la imagen del Dios que ama de forma exclusiva y que desea comunicarse, a través nuestro, a todos los demás miembros del Cuerpo de Cristo. Esta verdad no es abstracta, se concretiza en su relación conmigo, porque Dios no es alguien lejano. ¡Dios está tan maravillosamente cerca! Si comienzo a creer en esta verdad, repercutirá en mi vida, en mi solicitud por los demás. Es difícil imaginar a qué grado puede llegar esa repercusión.

Tal vez en algún momento me rebele, pues constataré que esa imagen de su amor exclusivo como que me persigue hasta hacerse casi insoportable. Pero esta inquietud de corazón es con seguridad creativa: me irá descubriendo que si Dios verdaderamente me ama de esa manera, significa que en todo momento me abraza, porque es Infinidad, porque Él, que es misericordia eucarística, incesantemente me desea y me llama a la unión con Él.

Pero esa unión, en sí misma, no es el objetivo. No ha de realizarse para mí solo: es siempre ofrecida a la Iglesia, siempre conduce a entregarla a la comunidad de fieles que Dios quiere construir a través mío, porque quiere amar en mí a sus otros hijos. Quiere que reduzca los ramos de flores que pongo en su altar, y que coloque flores en el altar del prójimo. Mi unión con Él significará entonces entregarme completamente al Cuerpo Místico de Cristo.

El Espíritu Santo me llama a servir a la Iglesia independientemente de la etapa en la que esté mi vida espiritual, pero solo me convertiré en su instrumento perfecto cuando me mueva y me anime exclusivamente el amor. El amor y mi entrega a la Iglesia se unen en armonía perfecta sólo en la plena unión con Dios en el amor que, según santa Teresa de Ávila, es la cumbre de la santidad. El matrimonio espiritual con Dios, que se realiza entonces, es la unión perfecta del alma con Cristo, y se da en la plenitud del Cuerpo Místico. Por lo tanto, la meta definitiva de mi vida interior no es la santificación en sí misma, sino la entrega total a la Iglesia.

II

La grandeza del Único

"Todo lo que el alma pone en la criatura quita de Dios", escribe san Juan de la Cruz[12]. Por eso, Dios se opondrá —con su infinito y diligente amor— a mi deseo de encontrar complacencias en este mundo, deseo que tengo grabado profundamente en mí. Cuanto más me complazca en este mundo, tanto más crecerá ante mis ojos, pensamientos y deseos, hasta que finalmente me ocultará todo, incluso a Dios. Y me daré cuenta de que Aquel que es la Única Grandeza se habrá vuelto pequeño para mí.

Será más pequeño que las cosas que poseo, y que en realidad me poseen a mí. Me ocultan tanto a Dios que apenas soy capaz de percibirlo sobre el altar eucarístico.

---

12. *Subida del Monte Carmelo*, III,12,1.

Será más pequeño que el trabajo, que es capaz de absorberme a tal grado, que termino entregándome a él prácticamente sin reservas; trabajo que parece una droga, porque siento que forzosamente quiero terminarlo, quiero que resulte algo de él, para poseer sus frutos. Y cuando me predispongo para este género de posesión ya no me queda espacio para Dios Eucarístico, que de hecho es quien decide sobre el altar si ese trabajo producirá efectos o si tal vez se me hará polvo entre las manos.

Será más pequeño que aquello que amo, porque me hago semejante —como escribe san Juan de la Cruz— a lo que amo[13]. Y como lo que amo no es Dios, me hago semejante a lo que está fuera de Él, lo que por fuerza lo empuja al fondo, al margen. Me igualo con ello tanto, que Dios vivo, presente en la Eucaristía, prácticamente desaparece para mí: no sólo no lo descubro grande, sino que de alguna manera ya no existe para mí.

Será también más pequeño que lo que me da miedo. *Los ojos del miedo son grandes*, reza el proverbio. Lo que me da miedo puede ir creciendo en mí hasta

---

13. Cf. *Subida del Monte Carmelo*, I,4,3.

alcanzar dimensiones gigantescas; me puede envol-
-ver de tal manera que, tanto el mundo como Dios
Redentor presente en la Eucaristía para mí y para el
mundo entero, deja de tener importancia. Sólo veo
lo que me da miedo. Hay que tener en cuenta que
uno puede tener dos tipos de relación con un ídolo:
ya sea amarlo y adorarlo o, por el contrario, tenerle
miedo y rechazarlo.

Y será más pequeño que lo que suscita en mí
inquietud, tristeza y precipitación. Pero para evitarlo
no basta con ir más despacio, hacer las cosas más
lentamente, porque ese "ir más despacio" podría
convertirse en "arrojarme inconsideradamente" en
lo temporal, olvidándome de Dios, que me espera:
¡es posible arrojarse despacio en la temporalidad! La
falta real de precipitación implica silencio interior,
implica buscar apoyo en la misericordia eucarística.
Si no suplico misericordia, aunque hiciera todo muy
despacio, de todas maneras mi actitud constituirá
un obstáculo para la gracia, porque en ese "ir más
despacio" no hay lugar para Aquel que desciende a
diario sobre el altar, para salvarme de la inquietud,
la tristeza, la precipitación.

Por eso debo preguntarme: ¿Adónde voy? ¿No debería cambiar la dirección? Si recibo la gracia de creer que Dios hizo todo este mundo maravilloso **para mí**, para que fascinándome con lo creado me acercara a Él, entonces podré admirarme con su indescriptible amor. Puede suceder por ejemplo que, al ver el cielo estrellado, simplemente ore, pero no con una oración de petición, sino de alabanza, en la que habrá mucho de verdad sobre Él y también humildad de mi parte, porque la alabanza implica una mirada humilde a la luz de la fe. Estando bajo un cielo precisamente así, estrellado, tal vez vea mi propia pequeñez y al mismo tiempo, por contraste, la grandeza del Único. Y, sin apropiarme de ese paisaje, simplemente viviré en la verdad: la grandeza y el poder de Dios reflejados en esos inmensos espacios; pero también lo veré grande, muy grande, en su amor por mí. Ese cosmos fue creado no solamente para que lo observe con la ayuda de telescopios extraordinarios —aunque también lo puedo hacer—, sino para que "toque" a Dios a través de la fe en el paisaje de cielo estrellado, y así me asombre con Él.

Todo lo creado debe servir sólo para un objetivo: mi redención. Me ha de ayudar a abrirme a su amor eucarístico, redentor, cuya grandeza jamás comprenderé totalmente.

Al hacer mi oración de alabanza siempre debería llegar a experimentar, en mayor o menor grado, el asombro por Dios, pues Él, en el milagro de la Eucaristía, es objeto de asombro y alabanza de innumerables coros de ángeles. Dios en sí mismo siempre es asombroso, pero tienen que haber ojos que lo perciban, ojos de fe, y un corazón que se vuelque en alabanza hacia este verdadero milagro sobreabundante que Él realiza. Efectivamente, parece demasiado, pero es que Él no mide su amor por mí. Me obsequia sobreabundantemente, confiando que me acercaré al menos un poco a la verdad, y que algún día adoraré apropiadamente el milagro de la Eucaristía, invocándolo a Él tal vez con estas extraordinarias palabras: "Eres digno, Señor y Dios nuestro, de recibir la gloria, el honor y el poder..." (Ap 4, 11). Él muestra su gloria sobreabundantemente, para que yo coloque al menos un poco de esa gloria a los pies del verdadero Señor del universo y de todos los tiempos, que reina desde las alturas del altar eucarístico.

Pero, ¡oh paradoja!, este Rey del universo sigue siendo para mí demasiado pequeño. Tanto su presencia en la temporalidad es demasiado pequeña, como también, su presencia en la Eucaristía, pues mi participación en ella es la continuación de mi vida. Y a veces me pregunto cómo es posible que Él, que es Infinidad, no sea grande para mí, y que el acto de su amor inconcebible en el amor eucarístico —del cual con tanta frecuencia soy testigo— no haya realizado una transformación radical en mí hasta hoy. Para Él soy todo, soy el único... Soy la persona con la que Él quiere desposarse para su gloria eterna.

El lenguaje de
los elementos

A la luz de la fe puedo ver que Dios abarca el mundo entero y está presente en todos los acontecimientos que me rodean. En todos; incluso en las aterradoras olas de un tsunami que irrumpen en tierra causando devastación, destruyendo tantas existencias humanas, tanto caudal. A menudo el hombre ha trabajado durante toda la vida por alcanzar este caudal, y una sola ola es capaz de barrer con todo, de destruirlo todo. Alguna vez había casas, hoteles, oficinas. Aquí había un cementerio y allá la espesura de un bosque... Pero en un momento dejaron de existir. Simplemente ya no hay nada de eso... Únicamente hay sufrimiento humano, permitido por Dios.

Dios está también presente en esos abrasadores rayos del sol que secan la tierra, como si quisieran absorber, junto con el agua vivificante, toda forma de vida. También está presente en esos violentos aguaceros que caen con tanta fuerza y concentración, que lo que inicialmente era un arroyo se convierte en una inundación que, en pocos minutos, puede destruir lo que el hombre había construido con mucho esfuerzo, para asegurar su futuro. Y, en ese momento, debe buscar protección con lo que encuentre: un pedazo de madera, un remanente de algún mueble que flote sobre el agua...

Así actúan los elementos[14]* de la naturaleza. Ante ellos uno queda tan asustado, tan sorprendido, tan concentrado en salvar la propia existencia, que olvida invocar a Dios. Surge la pregunta de si en esos momentos se está en condiciones de hacerlo. Ante las gigantescas olas de un tsunami, ante un calor atormentador o ante un angustioso huracán, Dios parece desaparecer de la conciencia humana.

14.* "Fuerzas naturales capaces de alterar las condiciones atmosféricas o climáticas", nota del traductor, *Diccionario de la lengua española*.

Se nos hace demasiado pequeño como para creer en su poder, en su señorío y en su amor.

Así sucedió con los israelitas que, asustados con los carros egipcios, prácticamente Dios dejó de importarles, dejó de tener para ellos suficiente poder y amor: el pánico se había apoderado de ellos. También a nosotros ahora nos domina la ansiedad, aunque no haya carros egipcios amenazando nuestra vida, solo bombas que estallan, sequías que agostan la tierra, e inundaciones que uno no está en condiciones de prevenir. Pero Jesús, la máxima Autoridad, dijo: "Si tuvieran fe [...] nada sería imposible para ustedes" (cf. Mt 17, 20). En definitiva, la forma como asumimos los cataclismos que van en aumento en nuestro planeta muestran la poca visión o pensamiento de fe que hay en nosotros. Son el paso de Dios, signos de su único señorío. Delante de nuestros ojos se revela el poder de quien exige sus derechos, cuestionando a sus hijos secularizados que *quieren ser como dioses*. A través de situaciones tan extremas Dios les dice a sus hijos extraviados que aquí en la tierra no se puede construir el paraíso; que es imposible vivir sin Él. Siendo el Amor, Él siempre quiere acercarse a los corazones humanos, que están cerrados, persiguiendo un paraíso falso. Si por voluntad suya ese tal paraíso ha de desvanecerse, es para que sus corazones busquen el verdadero paraíso, el verdadero hogar.

Cuando escucho o leo acerca de los crecientes cataclismos, ¿pienso que en ellos está presente Dios y que son su voz?

Mira, soy para ti tan poco importante que no te das cuenta de mi presencia. No oyes y no comprendes lo que te digo a través de los acontecimientos, porque los separas de mí. ¿Cómo puedo ayudarte si no me necesitas, si consideras que el ser humano tiene que enfrentarse a los elementos por sí mismo?...

Lo que ocurre es que simplemente no creo que Dios pueda detener, por ejemplo, un tsunami. No creo que exista fuerza que pueda contenerlo. A un huracán que bate continentes enteros, destruyéndolo todo, no creo que se lo pueda frenar gritándole: "¡Silencio!"

Dios quiere hacer milagros, pero no puede por mi falta de fe. La tempestad de la que fueron testigos los Apóstoles (cf. Mt 8, 24-27) con seguridad no tenía las mismas dimensiones que los desastres actuales, pero eso no tiene importancia; Jesús estaba esperando que ellos, conscientes de su debilidad, recurrieran a Él pidiendo auxilio, aun cuando fuera una invocación llena de temor y de muy poca fe. Dios no espera tampoco de mí una gran fe: si estuviera abierto para escuchar su susurro en esos cataclismos que afligen el mundo cada vez más, tal vez alcanzaría a escuchar lo que me dice: *"¿Por qué tienes miedo, hombre de poca fe?"* (cf. Mt 8, 26). *¿Porque no vienes a esta pequeña casita en la que me encerré para ti: al tabernáculo? Es precisamente aquí, ante el tabernáculo, donde se decide la historia del mundo y tu propia historia.*

Si estuviera abierto a Dios, tal vez también escucharía que los elementos hablan de su poder, y descubriría que Jesús escondido en la Eucaristía quiere amar en mí a las víctimas de esos elementos; desea sentir y sufrir con ellas a través mío; acudir en su ayuda. Él, que es el Único Amor, jamás abandona a su suerte a quienes sufren desgracias. Yo no recibo a Jesús Eucarístico sólo para mí: Él quiere ir a través mío hacia esos hermanos míos que creen que lo han perdido todo, y llevarles esperanza, porque ellos son los que más necesitan testigos de la misericordia eucarística, que los ayuden no solamente a construir un techo sobre sus cabezas sino también a creer que, por medio de esos elementos, el mismo Dios los está buscando, reclamando para ellos la primacía de su reino de amor. Lo que ocurre en realidad es que esos hijos suyos heridos, a pesar de todo el dramatismo de la catástrofe que los ha afectado, no lo han perdido todo: abriéndose a la luz de la fe, pueden descubrir en esos pavorosos escombros una realidad diferente, encontrar un verdadero refugio en los brazos de Jesús que se queda con ellos en la Eucaristía.

"¿Te diste cuenta de cómo el sacerdote, durante la santa Misa, con gran veneración y amor tocó a Jesús bajo la forma de la Sacratísima Hostia? —preguntó la beata Teresa de Calcuta a una novicia que estaba comenzando su trabajo con los moribundos— Haz lo mismo cuando te encuentres en la casa para los moribundos, porque allí encontrarás a Jesús bajo la forma de los cuerpos enfermizos de nuestros indigentes"[15]. Y me puedo imaginar que la beata Madre Teresa me anima a que haga lo mismo con las víctimas de los cataclismos, que necesitan ayuda tanto material como espiritual.

Si Dios sigue siendo para mí alguien tan carente de poder, ¿cuándo cesarán esas catástrofes? Él, precisamente a través de su fuerza, me quiere decir que en realidad son nada ante su poder y que lo que hacen es revelar que Dios sigue siendo demasiado pequeño para mí. No importa si mis experiencias son de escala micro o macroscópica: el susurro o el clamor de Dios sigue siendo siempre el mismo: *Créeme, cree que soy el Señor del mundo. El Único. Cree que estoy REALMENTE PRESENTE sobre los altares de este mundo y que solamente necesito tu fe para silenciar los huracanes, las tormentas. Cree que tengo el poder de secar las ciudades inundadas, sumergidas: Yo, tu Dios escondido en la Eucaristía. Pero dime: ¿estás convencido de mi poder?*

---

15 Cf. Kathryn Spink, *In the Silence of the Heart: Meditations by Mother Teresa of Calcutta*, 1983 – SPCK.

La intensidad de los acontecimientos que inquietan al hombre contemporáneo debería mostrarme lo mucho que Dios ama al mundo, lo mucho que me ama a mí; esos acontecimientos son su continuo llamamiento a la fe, un clamor con el que me hace caer en la cuenta de que Él no puede seguir siendo tan poco importante para mí. Desea que no me esfuerce tanto por conseguir las cosas temporales, porque los que las persiguen asiduamente —como lo resalta Cristo nuestro Señor— son los paganos. "Son los paganos los que van detrás de estas cosas. El Padre que está en el cielo sabe bien que ustedes las necesitan. Busquen primero el Reino y su justicia, y todo lo demás se les dará por añadidura" (Mt 6, 32-33). Si esas palabras de Jesús se convirtieran en mi programa de vida, llegaría a la santidad; pero si invierto mi jerarquía de valores, perderé el Reino, y hasta lo temporal se me hará pedazos.

Cuando me siento desvalido ante la fuerza de los elementos de este mundo o, mejor, cuando los veo sin fe y me parecen sólo poderes temporales que producen sufrimiento humano incomprensible, ¿no tengo acaso el derecho a suplicar misericordia a Jesús?, ¿a implorar que su bondad se derrame sobre nosotros, y sobre mí, a través de la Eucaristía, que es Sacramento de fe? Jesús presente en la Eucaristía —puedo tener esa esperanza— gustosamente encenderá esa fe que, cubierta con el polvo de la rutina, dormita en alguna parte, dentro de mí.

La miseria humana, si guarda al menos un poco de contrición, tiene derecho a la misericordia. Continuamente concibo a Dios reducido, y esta es mi miseria, mi extravío; y por ello, tengo derecho a la piedad de Jesús, presente en la Eucaristía. Y no solamente en los momentos de peligro: tengo derecho a que venga siempre, a que actúe en mí sin cesar. Si tal como se lo pido, Él vive en mí, entonces sus actos en mí —en la medida en la que yo no oponga resistencia a la gracia— serán maravillosos. Serán capaces de cambiar el curso de la historia, de dirigir la historia de tal manera que en cada oleada de acontecimientos yo vaya adquiriendo más confianza en Él y vaya perdiendo confianza en mí. Sus actos en mí pueden llegar a ser los actos de amor puro de los que habla san Juan de la Cruz, que tienen un poder extraordinario para transformar interiormente y tienen más valor que todas las obras de la Iglesia juntas[16].

Siempre nos estás buscando, me estás buscando, Jesús presente en la Eucaristía. Siempre me estás buscando…, para que te permita encontrarme al fin, para que le permita a tu misericordia eucarística llenarme completamente de ti.

---

16. Cf. San Juan de la Cruz, *Cántico espiritual*, 29,2.

La destrucción
de Hipona

Es el año 430. Una banda de ochenta mil Vándalos y Alanos bajo el mando del rey Genserico asedia Hipona, la ciudad del obispo san Agustín. Él, que indudablemente es el más eminente padre de la Iglesia latina, trabaja inclinado sobre un texto que defiende el papel de la gracia. Dios quiso que sus últimos días fueran muy amargos y dolorosos.

El asedio duró catorce meses y, al final, la ciudad fue quemada. Hipona fue destruida en dos etapas. Antes de ser finalmente quemada por los Vándalos arrianos, los defensores arrianos de Hipona — soldados del gobernador del cesar en África, Bonifacio— atacaron la ciudad desde dentro. Agustín fue testigo de los escombros a los que fue reducido todo lo que había construido en su diócesis durante más de treinta años. Tuvo que ver a sus sacerdotes abandonando las iglesias por miedo al odio de los arrianos; a las santas vírgenes que habían profesado la castidad, dispersadas, agonizando en el martirio... Vio vacíos los templos que se salvaban de las llamas; no se celebraban sacramentos, ni oficios religiosos en ellos, ya que la autoridad arriana los había prohibido.

La derrota parecía total. Sin embargo, Dios jamás fracasa, y este hecho es fuente de esperanza. Aunque desde el punto de vista humano, el mundo de Agustín parecía venirse abajo, en realidad sólo se estaban desmoronando los apoyos humanos que a la luz de la fe son siempre ilusorios. Quedó, como siempre, EL QUE ES, y también su gracia misericordiosa, que se derrama en forma singular cuando se vienen abajo las estructuras e instituciones humanas, las posesiones, los planes, los deseos... Agustín fue testigo de cómo "la apariencia de este mundo pasa" (1 Co 7, 31b), pero siempre permanecen Dios y su gracia. Por esta razón dedicará su último escrito precisamente a la gracia. Hipona se desmorona pero él sabe que no hay cosa más importante por hacer que convencer a los cristianos de que lo único en lo que se pueden apoyar es en la gracia misericordiosa del Señor; no en las propias fuerzas.

Los tiempos de Agustín son tiempos de grandes cambios. El año 410 parecía un momento crucial porque, bajo la presión de los visigodos de Alarico I, caen los muros de la Roma "eterna", la capital de todo el mundo civilizado, que parecía indestructible, eterna. Fueron los tiempos de los grandes viajes de los pueblos, como también de las migraciones masivas de personas particulares, empujadas desde afuera por las oleadas de los bárbaros y, desde dentro, por temor ante la fragilidad del mundo, cuyas estructuras se venían abajo delante de sus ojos.

Cuando el mundo que me rodea se desmorona, pueden dibujarse frente a mí dos soluciones: procurar a toda costa apoyarme en mí mismo, sacar de mí mismo la fuerza y el poder para sobrevivir o buscar apoyo en Dios y en su gracia. Agustín no se siente fuerte: tiene consciencia de que mientras confió únicamente en sus propias fuerzas, vivió decayendo, y que no pudo levantarse de esa decadencia. Se salvó por una gracia especial de Dios. Fue en su propia vida, por lo tanto, en donde descubrió de la mejor manera el don de la gracia. Tampoco se siente grande ante Dios: mucho tiempo después de su conversión lo visitarían las consecuencias de sus propios pecados, todas muy dolorosas: tentaciones carnales o de satisfacción por los elogios recibidos, por los aplausos que oía en su catedral y por los signos de respeto, que él valoraba mucho todavía. Después de tantos años de trabajo y de oraciones, seguía verificando su imperfección. Pero precisa-mente esto puede reconocerse como prueba de su auténtica santidad, porque la consciencia de su miseria era en él tan fuerte, que jamás se considerará santo.

Si multiplico indefinidamente las prácticas religiosas, si quiero servir a Dios con el activismo, es porque considero que Dios me exige sólo buenas obras y porque quiero ser intachable, confiando que mereceré su admiración. Esto quiere decir que estoy muy cercano a una fe deformada, desprovista de lo sobrenatural, desprovista de intimidad, de la cual debería estar impregnado mi vínculo con Él. Pero si descubro que Dios me busca ante todo a mí y quiere vivir en mí, entonces estoy junto a Agustín; porque Agustín, sin olvidar lo mucho que le había sido perdonado, se aísla para encontrarse cara a cara con la misericordia del Señor, durante el asedio de Hipona por las bandas de los Vándalos, cuarenta y cuatro años después de su conversión y once días antes de su muerte. Deja todo y a todos, admitiendo únicamente a los médicos y a los que le traían los alimentos. Ordena que se escriban los salmos penitenciales en mayúsculas sobre un pliego de pergamino, puesto sobre la pared frente a su cama. Al leerlos lamenta su vida. Suplica la gracia misericordiosa. Él, que es el Doctor de la gracia.

Si pretendo llegar a la unión con Dios, muchas cosas se desmoronarán en mi vida. Pero todo depende de cómo lo vea; Agustín no lamentó lo que se había venido abajo. No vale la pena llorar por este mundo, porque la apertura a la acción de la Eucaristía, a su fecundidad, se realiza en la medida en que viva las palabras de san Pablo: "la apariencia de este mundo pasa" (1 Co 7, 31b).

En una ciudad asediada, Agustín se unió con Dios. El mundo terminó para él. ¡Cómo era de grande su fe!: al ver el triunfo definitivo de aquellos contra los que luchó, no se lamentó por Hipona ni por sus magníficas construcciones. Precisamente ahí hizo de su casa una especie de claustro donde llevó una vida comunitaria, junto con sus sacerdotes y diáconos, a la que dedicó su ideal de apostolado.

Le quedaron solamente la verdad y la contrición con ella vinculada, que lo fueron abriendo a la siguiente gracia, la de la unión con Dios. Si hubiera estado apegado a lo que había hecho, podría haberse lamentado de todo lo que ahora se le alejaba, en las tinieblas. Pero, como se deriva de las *Confesiones*, no tenía consciencia de que haber hecho algo, ni de ser alguien importante. Murió en una alegre contrición, creyendo que Dios le había perdonado todo.

La Eucaristía se vuelve fructífera para mí cuando dejo este mundo, cuando no me lamento por él, porque ya no tengo nada por qué llorar; lo dejo en el sentido de que no lo amo con apego desordenado: no pongo en él mi corazón, porque mi tesoro es sólo Aquel que me ama. Y todo lo que hice en la vida fue únicamente un medio que tiene que hacerse pedazos, como la diócesis de san Agustín. También la Iglesia local puede hacerse pedazos, porque lo que Dios aseguró fue que no sería indestructible la Iglesia en su totalidad; la Iglesia particular no recibió esa promesa.

Únicamente se lamenta lo que se considera un tesoro. Si para mí la Eucaristía se convierte en un tesoro, entonces lo demás dejará de ser un tesoro para mí; no lloraré por lo que se quedará reducido a polvo y cenizas, porque por sí mismo jamás tuvo valor. En ese sentido era una ilusión, porque *la apariencia de este mundo pasa*. Siempre pasa.

El despojo de san Agustín fue estremecedor. Hipona, en la que por amor a Cristo había invertido mucho esfuerzo, tanto empeño, se había derrumbado. El

Señor permitió que lo que había sido construido durante tantos años prácticamente desapareciera. Durante cien años más de invasiones, los Vándalos terminarían de destruir ese lugar consagrado al trabajo, dedicado totalmente a Dios y a las almas humanas, en el que vivieron algunos de los más grandes santos y padres de la Iglesia.

Hoy en día Hipona es la ciudad portuaria de Annaba, en Argelia. En la catedral-barraca se reúne apenas un puñado de fieles. Desde el punto de vista humano todo quedó en ruinas; pero sólo humanamente, porque Dios nunca fracasa; en lugar de la ciudad destruida de Agustín, Dios levantó una edificación invisible: el alma de san Agustín, en cuya doctrina la Iglesia se apoyó durante muchos siglos y de la que todavía sigue beneficiándose.

Si espero que de lo que hago para Dios quede una huella, estoy sucumbiendo a una ilusión. Cristo nuestro Señor no derramó su Santísima Sangre por el trabajo realizado por Agustín de Hipona, sino por cada ser humano, por cada uno de sus hijos amados. Y por eso no es importante si dejo algo después de mi muerte; en realidad quedará únicamente lo que Dios haya construido en mí. Dios le ahorró a Agustín la visión de la quema y la destrucción definitiva de Hipona por parte de los Vándalos y le permitió un acto de profunda contrición: lo más importante.

Es verdad que trabajo mucho por Dios; tal vez con demasiado activismo... El caso de Hipona me permite tomar consciencia de que para Dios, que viene por mí en la Eucaristía, sólo yo soy importante. Él no quiere mis obras, me quiere a mí mismo. Desea conquistarme para su gloria.

No quiero pensar más en lo que dejaré después de mi muerte; quedará lo que Él, en sus designios, decida y nada más. Cuanto más pierda lo temporal, que de todas maneras pasará —como Hipona—, tanto mejor será para mí. En este sentido, sólo hay una cosa importante: si estoy recibiendo el Cuerpo Eucarístico del Señor con fe humilde. Esto debería bastarme totalmente, porque Él, mi Dios, puede habitar en mí únicamente cuando, como Agustín, ya nada tenga, fuera de Él; cuando con ansia *espere que venga en su gloria*.

III

Agotado anduviste buscándome por mucho tiempo

"Ella se oculta entre los árboles, huye de él. Él la busca. Toda su alegría está en ese esconderse-huir y en la búsqueda. A decir verdad, ambos querrían que ella huyera por el mayor tiempo posible. Porque cuando él la encuentra todo termina y es necesario huir inmediatamente hacia un lado diferente del bosque, para que él la vuelva a buscar."

Esta es una analogía humana que muestra cómo Jesús se esconde. Pero lo cierto es que se esconde para que yo lo busque. Se esconde bajo las formas eucarísticas y espera que bajo esas formas lo encuentre, con un celo de corazón cada vez mayor. Dios se esconde porque el amor es búsqueda.

Sin embargo, la vida humana tiene muchos periodos. Sucede que el ser humano deja de buscar, y entonces comienza su drama, porque la fe, la esperanza y el amor comienzan a enfriarse. Tal vez Jesús, presente en el más santo de los sacramentos, hará que se rompa esa cadena de relaciones que podríamos llamar "de cementerio", las relaciones con los que dejaron de buscar, es decir, con los que en realidad no viven; tal vez despierte en ellos el hambre del encuentro, los cautive para que lo busquen y se enamoren de esa búsqueda, porque buscar es encontrar, y encontrar, buscar[17]. Encontrar a Dios consiste en buscarlo. El principio de la vida interior no es el encontrar, es sólo el buscar, porque al buscar siempre encontramos. Pero como escribe san Gregorio de Nisa, siempre estamos comenzando[18].

"Si conocieras el don de Dios" (Jn 4, 10)... La samaritana se acerca a Jesús llena de su pecado, de su indignidad. Está tan agobiada por esa indignidad,

---

17. Cf. san Gregorio de Nisa, *Homiliae in Canticum*, 8 PG 44,941 C.
18. Cf. ibídem. "El que asciende no cesa nunca de ir de comienzo en comienzo mediante comienzos que no tienen fin. Jamás el que asciende deja de desear lo que ya conoce" (citado en el *Catecismo de la Iglesia Católica*, 2015, nota del traductor).

que Dios puede suscitar en su corazón el hambre del encuentro. Llega sin saber quién la está esperando, quién la está buscando. Después de todo, el que la amó acaba de descubrirse delante de ella. O más bien, le ha quitado la venda de sus ojos.

Cada encuentro del ser humano con Dios es oración, es decir, es el encuentro de alguien indigno con la Luz Suprema, de alguien que tiene escamas en los ojos, y que Dios quiere quitar; es decir, alguien a quien quiere revelarse. Dios se revela en la oración en la medida de mi deseo, de mi búsqueda, pero Él es el primero en dirigirse hacia mí.

Cuando entro a la iglesia para participar en la santa Misa, soy como la Samaritana: entro por algo. Es una acción habitual, no la más importante; así como en la vida de la Samaritana era poco importante llevar agua. Y es el mismo Cristo quien viene o, más bien, quien espera a alguien que no está preparado. Es Él quien me pide de beber. Ya estaba ahí: yo no lo buscaba y, en cambio, Él ya me está esperando, tiene sed: "su petición llega desde las profundidades de Dios que nos desea"[19].

---

19. *Catecismo de la Iglesia Católica*, 2560.

Mi oración durante la santa Misa o, más bien, mi participación en la plegaria eucarística de Jesús —ya sea que tenga consciencia de ello o no— es el encuentro de la sed de Dios y de la mía, que puede ser muy poca, disimulada. Tal vez tenga la sed del agua común: la del cumplimiento de una obligación religiosa. De todas maneras tengo algún tipo de sed. Y Dios tiene sed de que tenga sed de Él: "Si conocieras el don de Dios [...] tú le habrías rogado a él, y él te habría dado agua viva" (Jn 4, 10).

Quaerens me, sedisti lassus: agotado anduviste buscándome por mucho tiempo... Vienes a mi encuentro sorpresivamente a través de este versículo. Vienes con tu silencio y paz. Silencio. Paz. Hay una luz que sale de esas palabras. Es como si me cubrieran, se apoderaran de mí y me llevaran a una realidad diferente, a la realidad de tu entrega a mí. Queriendo mover mi fe, me dices que tu amor se expresa de una forma muy simple: quien ama al extraviado, lo busca. Después ya no quedan fuerzas.

Pero aquí no se trata de "alguien". Se trata de ti, el Dios que asumió la naturaleza humana para que yo pudiera ver lo mucho que me desea. Porque tu humanidad me muestra algo de la verdad de tu amor maravilloso. Tú, como Dios que eres, no puedes aburrirte ni cansarte; sin embargo, es muy importante para mí verificar que, siendo Dios, al mismo tiempo fuiste enteramente hombre: lloraste, te cansaste; precisamente para mí y por mí. Es que no soy yo el que va hacia ti; eres Tú el que me persigue con tu amor o, hablando con más sencillez, me buscas. Esa búsqueda muestra de una manera muy profunda mi situación.

Quaerens me, sedisti lassus: estas palabras me hablan de ti y de mí. De mí, que constantemente me extravío por los caminos tortuosos de la vida y que te necesito mucho para que me encuentres. Y de ti, que buscándome constantemente, me salvas. Me traes esperanza, porque sé que jamás dejarás de buscarme. Por eso pondré mi esperanza en tu búsqueda, y de ella nacerá mi paz: tu búsqueda me dice que no me extraviaré definitivamente.

Yo soy el culpable de mi extravío, porque te abandoné. Te abandoné porque no recordé que me amas con un amor exclusivo. Y partí para el país lejano de mis pensamientos, deseos, gustos. Y cada vez que dejo de dirigirme hacia ti, me extravío.

Sin embargo, no es importante lo que sucede conmigo. No es importante de qué manera ni en qué grado me extravío. Lo importante es tu búsqueda, la cual no puede interrumpir agotamiento alguno. Y si se suspende, será sólo por un instante y después, nuevamente tú, el Buscador Divino de los extraviados, te dirigirás hacia mí con un gran deseo... Y ya no recordarás tu agotamiento.

Siempre me amas, y por eso haces que tu esfuerzo salvífico de búsqueda se actualice incesantemente en la Eucaristía. Me abrazas con la gracia eucarística para que tu agotamiento y sufrimiento redentores no se desperdicien, para poderme levantar, curar desde el altar eucarístico, hablándome constantemente de tu amor inconcebible por mí.

Me traes la esperanza de que tu cansancio algún día me asombrará, y desde ese momento —creo— ya no podré alejarme. Llegará el instante en el que ya no tendrás que buscarme, y tampoco estarás agotado. No porque yo cambie, sino porque tu búsqueda comenzará a abarcarme tanto, a tocarme tan profundamente, que ya no querré irme, porque sé que al fin me encontrarás. De antemano te doy las gracias porque sé que así sucederá. Te doy gracias ya, porque esta idea me da una paz profunda, pues también sé que en definitiva, Tú eres el que encuentra siempre.

Pienso que algún día —si así lo deseas— descubriré tu amor eucarístico y me enamoraré de ti, que todo el tiempo estás enamorado de mí. Tu amor eucarístico me irá abrazando, irá penetrando mi vida con una profundidad cada vez mayor, me irá purificando. Podrás, en este camino eucarístico, llenarme de ti, cada vez más para —algún día— llevarme por fin a tu gloria. A esa luz de gloria en la que me estás esperando.

Dos realidades

En este mundo existen dos realidades que rodean a cada hombre, y por lo tanto también a mí: el Amor infinito y... el Odio destructor, que en realidad es finito, pero tan fuerte en comparación conmigo, que frente a él soy inimaginablemente débil[20]. Al creer que puedo manejar mi vida, en realidad a diario me estoy entregando inconscientemente como presa de ese poder que es la **persona-Odio**. De hecho, el único Poder real que existe[21] —Dios que me ama infinitamente— no quiere imponerse cuando, sintiéndome autosuficiente, le doy la espalda. En ese momento, el poder del amor de Dios queda como impotente. Esas manos

---

20. Cf. *Catecismo de la Iglesia Católica*, 2854.
21. Cf. ibídem, 395.

amorosas que me abrazan están todo el tiempo extendidas, pero esperan que me aferre a ellas. Pero si las concibo como si fueran aire o no existieran, entonces incesantemente las estaré ofendiendo, pues expresan una sorprendente solicitud por mí, el inconcebible amor de Dios por mí.

De esta forma quedo indefenso ante esa persona-Odio que está todo el tiempo junto a mí, increíblemente activa y vigilante, y *sabemos que bajo su poder yace el mundo entero* (cf. 1 Jn 5, 18-19). Si yo no creo en la existencia del príncipe de este mundo, tampoco reconoceré las tentaciones que son obra de su extraordinaria ingeniosidad. No aceptaré las palabras del Apóstol: "Vuestro adversario, el Diablo, ronda como león rugiente, buscando a quién devorar. Resistidlo firmes en la fe" (1 P 5, 8-9); y me estaré extraviando constantemente. Seré semejante a un hombre que busca agua en el desierto, mientras que la fuente que lo puede salvar está junto a él... ¡Estoy tan cerca de la fuente salvífica! y, sin embargo, siempre estoy dando vueltas, porque el Adversario crea delante de mis ojos espejismos de toda clase.

Me muestra hermosos oasis con árboles y arbustos que me ocultan el agua de la vida. Los persigo, pero cuando de repente descubro que se trataba sólo de ilusiones, aparece otro espejismo: un oasis lleno de palmas y de exuberante vegetación, y nuevamente salgo corriendo hacia allá. Entre tanto, el verdadero oasis está siempre muy cerca. Lo que ocurre es que el Adversario está muy interesado en que me extravíe, en que busque en otra parte.

Tengo que creer que el poder del Odio está siempre cerca de mí y siempre me engaña con un supuesto bien. Si no reconozco que es una persona-Odio, que siempre me está mostrando un bien falso, no podré salir de ese camino de perdición.

Esta dramática situación del hombre puede representarse con la parábola del hijo pródigo, cuya historia es ejemplo característico de toda vida humana. La parábola presenta las ilusiones que el hijo pródigo se crea, con base en los espejismos del *país lejano* en el que se instaló. *Si el hombre —todo hombre— es este hijo pródigo*[22], entonces todo

---

22. Juan Pablo II, Exhortación apostólica *Reconciliatio et paenitentia*, 5.

hombre es tentado a alejarse del verdadero oasis en donde está el agua de la vida y a partir hacia un desierto reseco. Y todos nos alejamos, buscando otros oasis ilusorios, para terminar efectivamente en un desierto reseco. ¡Cuánto sufrimiento está vinculado a ese alejamiento de la fuente de agua viva! De hecho, ahí había estado el hijo menor, junto a la fuente, porque vivía muy cerca de su padre, que en la parábola simboliza el maravilloso amor de Dios.

La historia del hijo pródigo siempre se repite. Puede decirse que la historia de la humanidad es la historia de cada hijo pródigo en particular y de su extravío. Ya que cada hombre se mueve generalmente por el deseo de poseer algo más de lo que tiene y de ser más de lo que es. Y en respuesta a ese deseo de *tener más* y de *ser más*, la persona-Odio acude rápidamente en su "ayuda": "Mira, te daré lo que buscas, te daré el *tener cada vez más y ser cada vez más*".

Si creyera que esa persona-Odio realmente existe, también creería que soy tentado constantemente; y tendría la oportunidad de mantenerme vigilante, como lo pidió Cristo nuestro Señor durante su agonía en el Huerto, con las palabras del testamento que dirigió a los Apóstoles, pero también a cada uno de nosotros: "Estén prevenidos y oren para no caer en la tentación" (Mt 26, 41a). Cristo, pues, me exhorta a velar. Esto lo puedo entender como estar prevenido contra esa persona-Odio; es como si Él me dijera: *Créeme que existe; debes velar, porque constantemente eres tentado.*

¿Quién de nosotros reconoce que es **constantemente** tentado, y de tal manera que las propias posibilidades son inimaginablemente escasas? Soy demasiado pequeño ante el poder de la persona-Odio. ¡Soy tan pequeño, pero cometo el error de creer en mí mismo!; y al creer cada vez más en mí, quedo más y más indefenso ante esa persona-Odio.

Esta cadena de tentaciones y de mal que me envuelve puede romperla solamente el único verdadero poder: el del Amor infinito. El poder de ese Amor que, en virtud de la muerte y de la resurrección del Hijo de Dios, venció el mal, venció al príncipe de este mundo, ¡y que siempre me desea y me busca!

Agotado anduviste buscándome por mucho tiempo. Y al buscarme quisieras decirme: *Si reconocieras a esa persona-Odio le tendrías miedo.* Porque aparece vestida con el manto de bien y de belleza, de espléndida belleza. Reconocer a esa persona-Odio significa desenmascarar su actuación sobre mí, tan extraordinariamente perversa, y ver que existe un único auxilio: creer en el Amor verdadero, en el Bien verdadero y en la Belleza verdadera; que es infinito poder e infinito amor; que por mí aceptó quedarse encerrado y abandonado en los tabernáculos del mundo; que consintió esconder su majestad ante mí. Hacia Dios, que es el amor infinito, tengo que abrirme paso por medio de la fe y sólo por medio de la fe.

Este Amor me obsequia todo el tiempo con la gracia de la fe. Lo importante es que me sumerja en esa gracia, que acoja ese don eucarístico que, de alguna manera, se coloca como a la fuerza en mis manos. Si lo recibo, veré sobre el altar el milagro más prodigioso del mundo: veré al Amor que en ese momento entrega la vida por mí: "Tomad y comed todos de él, porque esto es mi cuerpo, que

es entregado por vosotros"; ahora mismo. "Tomad y bebed todos de él, porque éste es el cáliz de mi sangre, sangre de la alianza nueva y eterna, que **es derramada** por vosotros y por muchos para el perdón de los pecados"; ahora, en este momento.

Es *ahora* cuando se realiza mi Redención. Ahora estoy junto a la fuente de todas las gracias —soy obsequiado con el don supremo de Dios, el don de la participación en la Eucaristía—, y saco de esa fuente todo lo que necesito. Y recibo todo lo que está de acuerdo con los designios de Dios, quien *ahora*, sobre el altar, entrega la vida por mí. Solamente Él sabe cuáles de mis deseos son verdaderamente buenos y cuáles son una trampa que me ha sido tendida, pues la persona-Odio está presente en todas partes. También durante la Eucaristía soy tentado; aunque con frecuencia ni siquiera sé cómo.

La Eucaristía, el más Santo de los sacramentos, es presencia de Dios mismo que se comunica. Él, en su Sacrificio, en su presencia real, viene a mi interior y quiere abrazar ese interior con una partícula de su vida, iluminarlo, porque la Eucaristía es luz, trae luz.

Y quiere iluminarme con un amor inconcebible: Dios mismo, que se revela en este Sacramento de una forma tan prodigiosa. Sin embargo, después de recibir este "Sacramento de luz" siguen permaneciendo en mí algunas zonas de oscuridad.

¿Cómo defenderse de la tentación y abrirse a la gracia salvífica de la Eucaristía? Únicamente con la actitud de quien se sabe pequeño. La persona-Odio no soporta esta actitud, pues siempre está ofreciéndonos tronos ficticios de engrandecimiento. Y como soy ciego, por mi orgullo acepto la propuesta y me construyo un auténtico trono, haciéndome príncipe de este mundo, sentado en el trono de la temporalidad. Por lo tanto, tengo que saberme pequeño, siempre. Sobre todo cuando estoy en la iglesia, frente al tabernáculo, o cuando participo en la Santísima Eucaristía; tan pequeño que el príncipe de este mundo tenga miedo de mi humildad, para que se espante ante lo que ve. Él sabe que cuando me sé pequeño —es decir, cuando tomo consciencia de la verdad— me rodea todo el poder del Amor. Y él le teme a ese poder, y tiene que huir.

Si soy consciente de mi pequeñez, estaré libre de los diversos peligros vinculados a la concupiscencia de ser grande. Y entonces Jesús presente en la Eucaristía podrá morar en mí, porque por fin abriré ante Él mi corazón, atormentado por el hecho de andar errando. Descubriré, sorprendido, que también cuando me extraviaba era buscado por el Amor; que Él nunca me había abandonado. Y cuando me abra por fin a Él, podrá conquistarme plenamente para su gloria.

¡Ven Señor Jesús!

Jesús fue a la tierra de los gerasenos y los liberó de grandes tormentos. El endemoniado de Gerasa gritaba noche y día, se golpeaba con piedras en los sepulcros y en los montes; en todos despertaba miedo. Los gerasenos estaban totalmente desvalidos ante esa gran desgracia. Y de repente vieron sorprendidos cómo el hombre que hasta ese momento no se dejaba sujetar porque rompía todas las cadenas y grillos, ahora se encuentra sentado a los pies de Jesús, tranquilo y feliz.

Si hubieran sido capaces de valorar eso, se habrían postrado a los pies de Jesús, agradeciéndole de corazón por haberlos hecho testigos de un milagro. Pero simplemente se dirigieron a Jesús para rogarle que se alejara de ellos lo más pronto posible. Eran más importantes para ellos los puercos ahogados en el lago, que la llegada del poder divino en la persona que había realizado el milagro. Se dio una situación de polarización, y los habitantes de Gerasa eligieron a los puercos en vez de a Dios.

El joven rico también tenía sus "puercos" y, temiendo perderlos, rechazó a Jesús. Los gerasenos en realidad no eran israelitas como él; además, apacentaban puercos, animales impuros para el pueblo de Israel. Sin embargo, habían sido testigos de un milagro evidente, es decir, de la realidad estremecedora de la actuación de Dios delante de sus ojos. Pero eligieron a los puercos.

En cada ser humano existe un "yo" real y un "yo" ideal. El "yo" ideal es una parte de sí mismo, esa "reserva del corazón" que está vinculada con un profundo deseo, una expectativa. Incluso, si una persona parece muy mala, se puede definir con suficiente veracidad tomando como base su "yo" ideal, es decir, ese *quién quisiera ser*, su mejor parte, oculta en su interior. En este sentido puedo decir que, en el fondo, yo soy lo que espero. Los gerasenos no esperaban a Dios; esperaban más bien que el enviado de Dios se alejara de ellos lo más pronto posible, para tener paz en el futuro con sus piaras. .

Me es tan fácil decir después de la consagración: "...¡Ven Señor Jesús!", presentándole a Dios en ese momento supuestamente lo que *espero*, como expresando la mejor parte de mi "yo". *Sí, Dios mío, ¡ven!; espero tu venida gloriosa y que se arroje al lago la piara de mis "puercos": todos mis anhelos, deseos, ¡tan terrenales!; mis intereses, que tal vez no quisiera descubrir delante de nadie.*

Pero, ¿acaso tomo en consideración que todo eso puede **realmente** caer al lago si en verdad *espero su venida gloriosa*? En estas palabras se expresa mi elección radical de Dios: *¡Ven Señor Jesús!, espero tu venida gloriosa, con todas mis fuerzas.* Y la medida de mi apertura a esas palabras se convierte en la de la actuación milagrosa de Dios Salvador, que está obrando ahora mismo. *Tú eres el más importante, Dios mío, Jesucristo vivo sobre el altar. Haz que esos* *"puercos" mueran en el lago, porque yo te espero a ti, aguardo tu venida, hoy, ahora: la que aproxima tu venida gloriosa definitiva. Sólo tú, Jesús presente en la Eucaristía, eres mi espera, eres mi esperanza, el sentido de mi existencia: sin ti no puedo vivir.*

Confío en que irás intensificando en mi corazón la plegaria litúrgica: "¡Ven Señor Jesús", con la que me irás llenando cada vez más, de manera que la espera de tu venida se convierta gradualmente en el contenido de mi cotidianidad, y en el de toda mi vida, que es propiedad tuya.

La espera de la segunda venida del Señor está enraizada internamente en la celebración eucarística. Las palabras "¡Ven Señor Jesús!" resonaban como *"Marana tha"* durante las celebraciones eucarísticas en los primeros siglos de la cristiandad. A la luz de la segunda venida de Cristo, la "gloria" de la temporalidad debería palidecer ante mis ojos. Asimismo, a la luz de su gloria es necesario que también mis aflicciones se reduzcan a polvo. Los problemas deberían preocuparme mucho menos, pues *Él vendrá en su gloria*. Y todo aquello por lo que me preocupo se volverá absurdo.

Estas palabras implican el llamamiento a la conversión porque, si con sinceridad hago esa aclamación a Dios REALMENTE PRESENTE sobre el altar, si con sinceridad me uno a la plegaria posterior del sacerdote: "...mientras esperamos su venida gloriosa, te ofrecemos en esta acción de gracias, el sacrificio vivo y santo", ese Sacrificio ofrecido se realiza efectivamente en mí en la medida de mi espera, espera que me introduce desde ya en una realidad diferente.

La Iglesia evoca en otro momento esa espera, cuando ora antes de la santa Comunión: "mientras esperamos la gloriosa venida de nuestro Salvador Jesucristo". Su venida en la santa Comunión es una preparación para la otra venida; se nos reparte la santa Comunión para que esperemos la segunda venida del Señor, para que vivamos de la fe en esa venida. Fe que llega a ser esperanza, porque es espera.

¡Cuán importante es esa espera que me introduce en un mundo diferente!; no en el que estoy sumergido, lleno de mal, deshonestidad y dolor; sino en el mundo de Dios, penetrado de esa triple verdad: Él murió, resucitó y vendrá en su gloria, *por mí;* así como *por mí* celebra ahora mismo el Santísimo Sacrificio: para poder redimir sobre el altar eucarístico las zonas de oscuridad que suelen permanecer en mí después de la santa Misa.

Esta dimensión escatológica de la Eucaristía, que con tanta frecuencia se escapa a mi atención, es extremadamente importante. Es un continuo llamamiento para que me convierta, para que me encamine hacia ese Amor eucarístico que tanto me amó. En realidad, son pocos los que esperan la venida de Cristo, son pocos los que están preparados para esa venida. Él vendrá en su gloria, pero cuando de repente aparezca en esa gloria, ¿en qué estado me encontrará? ¿Absorto sólo en Él, en silencio interior? ¿O estaré tal vez interesado en espejismos temporales, cuidando a los puercos para que no se caigan al lago, persiguiendo extraviado lo que este mundo ofrece? La espera de su venida gloriosa significa que ya desde ahora deseo que reine en mi corazón. *A cada paso que doy en el camino, a cada movimiento de mi mano al escribir una palabra, cuando presiono el pedal del automóvil, espero tu venida gloriosa que me llevará a la gloria eterna.*

Se trata de que me sirva de este mundo con desapego, como si mañana fuera a desaparecer; pero al mismo tiempo, que trabaje para este mundo con amor, como si nunca fuera a desaparecer. Debo colocar mi vida en la perspectiva del encuentro con el Señor, hacer de ese acontecimiento el polo de atracción.

Apenas acaba de venir Jesús realmente sobre el altar en el momento de la consagración, y ya la Iglesia me exhorta a esperar su segunda venida. Un pensador cristiano, refiriéndose a la segunda venida del Señor, ve cómo el sacerdote levanta la Hostia después de la consagración y de repente llega el fin del mundo. De esa Hostia levantada surge Cristo rodeado de ángeles en toda su gloria.

Ya desde ahora debería procurar descubrir —por medio de la fe— los coros de ángeles que rodean el altar. La celebración eucarística es de hecho participación en la liturgia celestial. Los ángeles no pueden dejar a Cristo para quien fueron creados[23]. En la primera plegaria eucarística el sacerdote, después de la consagración, pronuncia estas admirables palabras: "Te pedimos humildemente, Dios todopoderoso, que esta ofrenda sea llevada a tu presencia, hasta el altar del cielo, por manos de tu ángel..."

Tu gloria, Dios mío, se revela en mí en el hecho de que, a pesar de mi pequeñez, yo no oponga resistencia a la gracia. Tú encuentras tu gloria en la santificación de los que tanto amas, por los que derramaste tu sangre en la cruz. "¡Ven Señor Jesús!": este grito significa que ya ha nacido en mí por lo menos un deseo inicial de ver, por medio de la fe, a los ángeles alrededor del altar, el deseo del Cielo.

Si pronuncio esas palabras con toda sinceridad y con mucho cuidado, se realizará en mí una polarización. Ellas me colocan ante las siguientes preguntas: ¿Verdaderamente quiero su venida gloriosa, ahora? ¿Estoy preparado para esa venida? ¿La espero? Se trata de no estar asustado por la idea de su venida,

---

23. Cf. *Catecismo de la Iglesia Católica*, 33, 1090.

de que no tema que perturbe mi mundo, en el que me encuentro sumergido; porque esa gloria tendrá que quemar el mundo en el que vivo —que es pura temporalidad— y transformarlo en la "nueva tierra".

Cuando venga en su gloria, Jesús traerá de hecho un cielo nuevo y una nueva tierra; no esa tierra a la que ahora me he adherido con el corazón como si fuera un tesoro. Serán tierra nueva y cielo nuevo. Las palabras: "¡Ven Señor Jesús!" son un llamamiento a un cambio total en mi elección. Significan que quiero ya, ahora mismo, apresurar de alguna manera la venida de su reino. Significan que ya de alguna manera vivo de la certeza en la existencia de una tierra nueva y de un cielo nuevo. *Ya ahora sé —porque creo— que Tú, Dios Eucarístico, deseas abrazarme eternamente con tu gloria inconcebible.*

IV

Necesitas mi silencio

Dios, constantemente rechazado por mí, viene a mí en el silencio. En este sentido Dios es Silencio. Dios habla en el silencio y viene en el silencio. Pero en mí hay ruido interior. El ruido de los deseos, pasiones, el ruido de la satisfacción de la curiosidad. Quiero saber más, ver más, porque creo que el que sabe más es más grande, y el que sabe menos, más pequeño; el que sabe algo importante para mí, inmediatamente crece ante mis ojos.

En mí no hay silencio; por eso pronuncio un gran número de palabras innecesarias, hago preguntas innecesarias, pongo atención a lo que debería ser indiferente; me intereso en lo que me impide concentrarme en Dios y en la Eucaristía. Y cuando sucumbo a la curiosidad, Dios no puede hablarme, entablar contacto conmigo. "Después de haberlo dejado todo —dirá santa Teresita refiriéndose a la *Imitación de Cristo*—, es necesario dejarse, sobre todo, a sí mismo"[24].

¡La curiosidad puede parecer tan poco importante! Sin embargo, cuando se aspira a guardar silencio interior, lo importante son las cosas pequeñas, con frecuencia menospreciadas. La curiosidad común —por el mundo, los asuntos humanos, lo que está sucediendo alrededor— puede ser un gran obstáculo en mi camino hacia Dios, porque imposibilita el desprendimiento de las cosas externas. Por supuesto, no se trata de que no me interese el prójimo, el cual puede necesitar justamente mi ayuda, sino de la curiosidad en sí, que actúa de manera semejante a la televisión. Puedo no tener televisión, pero sí interesarme demasiado en muchos asuntos innecesarios con los que la reemplazo.

El ruido de los respetos humanos que nacen del orgullo también es falta de silencio. Querer cumplir con las expectativas que el ser humano me impone, es

---

24. Santa Teresa del Niño Jesús, *Carta 145 a Celina*, 2 de agosto de 1893.

una esclavitud terrible, que introduce confusión en el alma; aunque puede que en mi ceguera, producida por sucumbir constantemente a los respetos humanos, no lo vea así, tal vez incluso ni lo advierta.

La precipitación también es ruido. Constantemente corro detrás de algo, tengo que alcanzar a llegar a alguna parte, a hacer algo. En cambio, cuando me opongo a la precipitación, reduzco el ruido; por ejemplo, si al conducir el automóvil trato de disminuir la velocidad en consideración a Dios, ese solo acto de desacelerar se convierte en una oración. Si trato de disminuir la velocidad con la que vivo —o más bien le permito a Él hacerlo—, Él podrá abrazarme más, porque entro en el terreno del silencio; me sumerjo en Él, pues Él "es Silencio". Para Él mi precipitación es un mal: destruye mi vínculo con Él, que es todo para mí y que no quiere precipitación.

La precipitación también destruye mi cuerpo. Tal vez el apasionado amor de Dios por mí tendrá que apelar también al lenguaje de mi cuerpo: cada vez se fatigará más, perderá resistencia, se debilitará. Quizás así comprenderé que mi sufrimiento, mis enfermedades, son —en alto grado— consecuencia de la precipitación: me salgo del terreno del Silencio que es Dios y entro en el terreno de las enfermedades que me atormentan. Las denominadas enfermedades de la civilización son consecuencia de las tensiones, del estrés, es decir, de salir del terreno del silencio. Los dolores de columna, los trastornos del metabolismo, de la circulación, las alergias, los cánceres... La gente se precipita cada vez más, todo tiende hacia el aceleramiento del ritmo de vida y hacia la precipitación. En este correr no está ni Dios ni la preocupación por el propio cuerpo. A cambio de ello, hay un sufrimiento innecesario generado por los tronos humanos, porque la precipitación y la inquietud son el camino de los deseos de engrandecimiento humano y lo opuesto al Silencio que es Dios.

En definitiva, todo se reduce al silencio de la voluntad: no querer nada ni a nadie fuera de Él. Y si se quiere, sólo en Él y según su voluntad. Bajo esta luz, el cumplimiento de la voluntad de Dios se revela salvífico para el hombre entero: su alma y su cuerpo.

No siempre es posible lograr silencio en mis pensamientos o emociones. La luz del silencio que se extiende desde mi interior —en donde mora Dios— no alcanzará los contornos de manera inmediata.

El más importante es el silencio de la voluntad, que es silencio interior, una forma de desprendimiento, y que se dará si me importa cada vez menos todo lo que no es Él. Entonces desearé ante todo su voluntad, buscaré su presencia, querré servirlo. Cuando todo lo demás deje de tener valor para mí, mi voluntad se sosegará. Sin este sosiego no puede haber ni silencio interior ni buena oración.

El silencio interior también significa no planear demasiado. Tengo la posibilidad de alcanzarlo si Dios desbarata mis planes, lo que tal vez acepto con dificultad. El silencio de la voluntad crece en mí cuando acepto que algo no se realizará o se hará de manera diferente a como yo quería. En realidad todos mis planes son como castillos de naipes que en un instante pueden desparramarse. No obstante, sé muy bien cuánta turbación e inquietud causa en mí cada situación en la que no se realiza mi voluntad.

Este es uno de los mayores obstáculos para lograr el silencio.

Pero precisamente a mí, ajetreado, tensionado, lleno de mis propios planes, Dios parece decirme: *Mira, en tu vida Yo soy Silencio. Permanezco presente para ti en el "Sacramento del silencio". Todo lo que en ti es ruido, ajetreo, tensión, esclavitud de la propia voluntad, te oculta mi presencia en la Eucaristía. Tu tristeza, inquietud y precipitación te impiden entrar en comunión de vida conmigo: Dios vivo presente en la Eucaristía. Tengo mucha necesidad de tu silencio interior. Necesito el silencio de tu voluntad, que no quieras nada ni a nadie fuera de Mí.*

Si te abres a mí, puedes hacer de tu tristeza, de tu inquietud y de tu precipitación, materia para la redención en el Sacramento de mi Misericordia. Entrégame tu ajetreo y tensión, que destruyen tu alma y tu cuerpo; permíteme que otra vez te perdone todas tus faltas sobre el altar, gracias al Sacrificio redentor de la Eucaristía, para que de esta forma pueda convencerte una vez más de lo mucho que te amo.

Las lágrimas
de Jesús

El único Amor abraza no solamente a sus más fieles amigos, sino que ama siempre, incluso cuando el ser humano resulta ser como Judas. Es el Amor que de una forma tan inconcebible se hace presente continuamente sobre el altar eucarístico.

El deseo de amor no podría nacer en el atormentado corazón humano si Dios mismo no lo infundiera en él. Dios desea mostrarme su verdadero rostro: el rostro del amor singular, excepcional, dirigido hacia cada uno de nosotros, hacia mí mismo. Es el amor que de forma maravillosa definió el Santo Padre Benedicto XVI al decir que es al mismo tiempo *ágape* y *eros*[25].

25. Cf. Encíclica *Deus caritas est*, 9-10.

Jesucristo, como anotan los Evangelios, muchas veces se compadecía e, incluso, a veces lloraba: "Cuando dijo estas palabras, Jesús se turbó en su interior y declaró: «En verdad, en verdad os digo que uno de vosotros me entregará»" (Jn 13, 21). Al hablar de la traición de Judas, Jesús experimentó una profunda compasión; tal vez lloró. Y si se compadeció ante la traición de Judas, eso quiere decir que lo amaba mucho. ¿Acaso Él, quien es el Amor mismo, podría no amarlo?

Jesús lloró por Judas, pero —lo que puede ser más importante— lloró en su presencia, no le ocultó su compasión. Es estremecedor que Judas haya podido ver las lágrimas de Jesús.

Si me siento pecador, pero al mismo tiempo he perdido la esperanza y no creo en el amor de Jesús, puede decirse —recurriendo a las palabras del Evangelio de la salvación, como sucede en toda santa Misa— que Jesús, en quien no confío, llora por mí, en mi presencia. Lo que ocurre es que puedo no verlo. Tal vez Judas tampoco vio las lágrimas de

Jesús. Porque el ser humano ve sólo lo que quiere ver.

Los Evangelios anotan que Jesús lloró por Jerusalén: "Al acercarse y ver la ciudad, lloró por ella, diciendo: «¡Si también tú conocieras en este día el mensaje de paz! Pero ahora ha quedado oculto a tus ojos. Porque vendrán días sobre ti, en que tus enemigos te rodearán de empalizadas, te cercarán y te apretarán por todas partes, y te estrellarán contra el suelo a ti y a tus hijos que estén dentro de ti, y no dejarán en ti piedra sobre piedra, porque no has conocido el tiempo de tu visita»" (Lc 19, 41-44).

Aún hay otro gesto de compasión por parte de Jesús: las lágrimas por el dolor humano, por el dolor de una persona a la que amaba mucho. No en razón de su infidelidad sino, al contrario, porque esa persona era muy fiel a Él, y lo amaba mucho: "Viéndola llorar Jesús [...], se conmovió interiormente, se turbó". Jesús se compadeció porque María de Betania lloraba.

Así es el Amor, todavía no descubierto por mí. El Amor que siempre ama: al que traiciona, al que está cerrado, sobre quien tienen que venir tiempos duros, como sucedió sobre Jerusalén, cuando no quedó de ella piedra sobre piedra, porque no reconoció el tiempo de su visita. Pero Jesús también llora por el dolor humano, porque ese dolor es muy entrañable para Él.

María lloraba por la muerte de su hermano Lázaro, y Jesús mostró su compasión; mostró cuán entrañable era su llanto para Él. Aunque sabía que el dolor de la separación sería aliviado —sabía que resucitaría a Lázaro—, no fue indiferente al sufrimiento, al llanto de María, a quien amaba.

Puede decirse, incluso, que Jesús fue quien le causó dolor a ella pues, a pesar de que se había enterado de la enfermedad de Lázaro —"Señor, aquel a quien tú quieres, está enfermo"—, "permaneció dos días más en el lugar donde se encontraba" (Jn 11, 3.6). Es en este sentido cómo "causó" el llanto de María. Además, ella lo sabía, ya que dijo: "Señor, si hubieras estado aquí, mi hermano no habría muerto" (Jn 11, 32). Aunque se trataba de un pensamiento estrictamente humano, Jesús se abajó ante él y lo respetó, porque sabía que María desconocía los planes de Dios, que implicaban su llanto y la "demora" de Jesús, como una gran prueba de fe. Él es quien mejor sabe que las pruebas de fe, aunque son tan necesarias, al mismo tiempo pueden ser muy dolorosas, como lo fue ésta, en la que se revelaría la gloria de Dios, al resucitar a un hombre de entre los muertos, para que muchas personas pudieran creer en Jesús.

Tal vez también el Señor pretendía, con esta prueba, que María de Betania, que amaba tanto a Jesús, incrementara su amor por Él y descubriera aún más lo mucho que Él la amaba: le muestra su amor con sus lágrimas y, después, eliminando la causa de su llanto, restableciendo la temporalidad a la que estaba apegada: la vida de su hermano amado.

Precisamente el amor de Jesús hizo que se convirtiera en el Único para María, cuando visitó nuevamente Betania, faltando seis días para la Pascua. Ella no prestó atención ni a Marta, ni a Lázaro, ni a los Apóstoles que estaban presentes junto al Maestro. Para ella sólo Él existía. Al realizar esos gestos simbólicos: arrodillarse a sus pies, derramar sobre ellos un caro perfume de nardo puro y secarlos con sus cabellos, estaba expresando cuánto había descubierto del amor de Jesús. Estaba diciendo que, en presencia de quien gradualmente había llegado a ser para ella todo, prácticamente se le había desaparecido el mundo entero, toda la temporalidad.

También Judas, como María de Betania, lo había recibido todo. Puedo percibir un contraste sorprendente al comparar cómo se compadeció Jesús de Judas y de María, —estando en la presencia de ambos—: derramó unas lágrimas por quien le fue tan infiel y tan cerrado a su amor, y otras por aquella que fue un signo excepcional de fidelidad...

La comparación de estos dos "polos humanos" enseña mucho sobre el amor de Jesús. Sin embargo, no lo enseña todo, ya que este amor no se descubre a través del conocimiento: de saber que Él ama, que ama a otros; que es un Amor tal vez abstracto. Cada uno de nosotros en lo personal debe descubrirlo en su propio camino de vida, abriéndose a la gracia que viene ahora, en el momento presente.

Este privilegiado momento presente, este *ahora*, es para mí la Eucaristía: Jesús Eucarístico que con un amor tan excepcional mira desde el altar del Sacrificio. Mira de tal manera, que yo pueda creer que me mira exclusivamente a mí, con un amor particular. Y que siempre me ama. SIEMPRE, independientemente de que me encuentre en alguno de esos polos representados por las figuras de Judas y de María de Betania. Entre esos polos existe un *continuum* de posibilidades que no puede abarcarse con la razón.

En realidad mi vida corre por un camino tortuoso, por una senda intrincada. Ni siquiera tengo consciencia de dónde estoy; aunque efectivamente me estoy aproximando de alguna manera a uno de esos polos. Sólo la gracia de Jesús Eucarístico puede mostrarme —si me abro a ella— si el camino de mi vida y mi elección más profunda me están dirigiendo más hacia Judas o hacia María de Betania. Porque en esencia mi vida se encuentra extendida entre esos dos polos.

En definitiva cuenta sólo Cristo, y sólo una cosa es importante: mi relación con Él: quién es para mí. Por eso cada momento es una elección. Ahora o lo elijo a Él o no lo hago. Jesús Eucarístico está siempre junto a mí. Si estoy extraviado y por el momento no me puede ayudar —porque no quiero que me ayude—, entonces tiene que "llorar". Obviamente Cristo no puede llorar, porque está sobre el altar, en Cuerpo glorioso; pero si pienso en Él solamente de manera abstracta, nunca veré lo cerca que está.

La luz de la Revelación puede iluminar mi conciencia extraviada y mostrarme a Jesús no solamente como un *ágape* abstracto, sino también como amor concreto, es decir, como esa única forma de amor que puedo percibir: el *eros*[26]. La unión de estos dos tipos de amor me aproxima a Jesús. Sólo entonces la Liturgia Eucarística puede llegar a ser para mí muy real, sobre todo su parte más extraordinaria: desde la Transubstanciación hasta la santa Comunión; porque Jesús Eucarístico —el Amor en toda su esencia— viene sobre el altar por el poder del Espíritu Santo y de las palabras de la consagración. Y este Jesús viene a mí en la santa Comunión o, más bien, me recibe a mí, que soy un

---

26. Cf. Papa Benedicto XVI, encíclica *Deus caritas est*, 9-10.

pecador porque, independientemente de que me esté acercando al polo de Judas Iscariote o al de María de Betania, siempre me acerco como pecador.

A decir verdad, María no lloró por la muerte de su hermano, sino por ella misma, pues había perdido algo valioso. Lloraba por su propia pérdida. Por eso la Eucaristía siempre es Pan para los pecadores, aunque se sientan tan santos como ella. Después de todo, en ese momento María de Betania todavía no era santa. Sólo cuando el Espíritu Santo la abrace y con su gracia la santifique, ella tendrá la certeza de que Él, Dios, puede darle todo: a sí mismo, y también lo que había perdido. ¡Le pareció que había perdido tanto!, mientras que Jesús quería decirle que si lo elije a **Él**, todo le sería restablecido, incluso Lázaro: si elije a Cristo, ya nada se lo ocultará.

Una palabra
tuya bastará

Son conmovedoras las palabras que Jesús dirige al hombre que le pide que cure a su hijo de epilepsia, utilizando el modo condicional. A sus palabras: "Si puedes hacer algo, ten piedad de nosotros y ayúdanos", Jesús responde lleno de sorpresa: "¡Si puedes...!" En estas palabras se entrevé su gran asombro por la incredulidad humana ante los muchos milagros que constantemente realizaba: "Todo es posible para el que cree" (cf. Mc 9, 23). Para quien cree en el Poder y en el Amor, Dios puede hacer todo. Incluso Judas pudo haber sido salvado si como aquel padre hubiera clamado: "Creo; ayúdame porque tengo poca fe" (Mc 9, 24). Es que ni siquiera es necesario creer: basta reconocer la incredulidad y recurrir a quien con su sorpresa exige de alguna manera no ponerle límites a su poder.

Decimos que hay que creer en el amor de Dios, pero eso es demasiado poco; también hay que creer en su poder. Sólo entonces uno puede descubrir quién es Jesús, y recibir paz y felicidad; sólo entonces.

Lo que admira a Cristo en la petición del centurión —"Señor, no soy digno de que entres en mi casa; basta que digas una palabra y mi sirviente se sanará" (Mt 8, 8)— es la fe en su poder. Obviamente, en el fondo también hay fe en su amor, porque el centurión, al ver que realizaba tantos milagros, de alguna manera tocó la misericordia de Cristo; por lo tanto, tuvo que haber creído en cierto grado en ese Corazón, que tenía piedad de la miseria humana. No obstante, él fue excepcional en su fe, porque Israel carecía, no tanto de fe en la bondad de Jesús, sino más bien en su poder.

Los Apóstoles también veían que el Maestro tenía piedad de las multitudes, creían en su amor. Sin embargo, la fe del centurión en el poder de Jesús, expresada en las categorías válidas en el ejército, es admirable: "Porque cuando yo, que no soy más que un oficial subalterno, digo a uno de los soldados que están a mis órdenes: «Ve», él va, y a otro: «Ven», él viene; y cuando digo a mi sirviente: «Tienes que hacer esto», él lo hace" (Mt 8, 9). El soldado tiene que ser absolutamente obediente con el oficial; por lo tanto, el centurión parece comprender que las que hoy llamamos leyes de la naturaleza también son obedientes a Jesús. Él sabe que Jesús no tiene que ir personalmente, en contra de las convicciones comunes; no tiene que tocar para curar; sabe que ese poder puede actuar incluso desde lejos. "Les aseguro que no he encontrado a nadie en Israel que tenga tanta fe" (Mt 8, 10): estas extraordinarias palabras de admiración salen de la boca de Dios mismo.

¡Cómo es de importante la fe en el poder de Dios, en ese poder suyo que puede manifestarse en cada instante de mi vida! La fe en su amor no es suficiente, porque el amor puede ser desvalido. El amor que llora y se compadece es con seguridad un amor excepcional, pero eso no es suficiente para el hombre. No basta con que se compadezcan de él; el hombre necesita a Dios mismo, a Jesucristo, y sólo a Él. Pero lo necesita realmente cuando descubre que el amor de Dios siempre es poder. Que no se puede separar el amor de Jesucristo de su poder.

En Él, el poder y el amor constituyen una unidad. Él ama en la misma medida de su poder y tiene poder en la medida de su amor. Porque tanto el amor como el poder son en Él infinitos. Y estas dos infinitudes crean tal unidad en Él, que al amar siempre quiere salvarme; por medio del Sacrificio de la Eucaristía. Y puede salvarme en la medida de mi apertura, de mi disposición. Por esto, en realidad existe sólo una fuente del mal: que no crea en Jesús, que no le crea a Jesús, que no crea en su amor infinito y en su poder infinito. De aquí nacen los demás pecados.

Si mi vida se orienta hacia el polo de Judas Iscariote, podré percibir, a lo sumo, las lágrimas de Jesús. Y cuando las vea, puede que las interprete falsamente, no como expresión de su amor sino de debilidad. Aquí se encuentra el misterio de la maldad humana: Judas no se abrió al Amor que le mostraba compasión y que al mismo tiempo era el Poder infinito; por eso no sucedió milagro alguno. Como María de Betania se abrió al Amor que se compadece, ese Amor pudo manifestarle su Poder, en el mayor grado en el que un ser humano puede recibirlo.

María de Betania no pudo conocer a Jesús totalmente. Era sólo un ser humano pecador. Por eso la infinitud del poder del Señor y de su amor paradójicamente tuvo que "limitarse" al mayor milagro desde el punto de vista humano: resucitar a los muertos. Pero para María eso era suficiente, y tenía que serlo, porque era solamente una criatura llamada de la nada a la vida, y mayor gloria de Dios no podía ver. En ese sentido Jesús, en la medida de las limitaciones humanas de María, le reveló todo. Porque cualquier cosa superior a eso, una gloria suya aún mayor, sólo habría podido destruirla. Pero Él la amaba tanto que limitó la manifestación de su gloria "únicamente" a la resurrección de los muertos. Para ella y para quienes vendrían después a Betania a ver a Lázaro, ese sería un signo excepcional del poder de Jesús, suficiente para seguirlo hasta el final.

Antes de la santa Comunión repito: "Señor, no soy digno de que entres en mi casa, pero una palabra tuya bastará para sanarme". Entonces se abre paso hacia mí, aunque sea por un instante, algo de la verdad acerca de mi debilidad, de mis infidelidades cometidas con tanta frecuencia; pero al mismo tiempo crece el deseo de unirme con Dios. Tal vez durante muchos años de aspirar por Él, mi indignidad será para mí sólo una palabra vacía; pero si algún día se vuelve realidad, el contraste entre mi indignidad y aquello a lo que me llama Él, mi Redentor Eucarístico, podrá ser asombroso.

Tal vez me acuerde entonces de las maravillosas palabras que Jesús dijo al padre que pidió la curación de su hijo, y que creía tan poco en su poder. Tal vez me acuerde del asombro de Dios ante la duda de ese hombre. Dios tiene predilección por los *violentos*, por esos locos que arrebatan el Reino de los Cielos (cf. Mt 11, 12). Lo arrebatan sin ser dignos de ese Reino. Dios no llama a la santidad a los justos sino a los pecadores.

Por la gracia tal vez tome consciencia del poder de su palabra. De hecho, en virtud de esa palabra se realiza el mayor milagro del mundo: el descenso de Dios sobre el altar. Las palabras de la consagración, que en cada santa Misa producen el mayor milagro, ¿no serán capaces de abrirme a la gracia vinculada a ellas?, ¿de abrirme de tal manera que me impregne en el momento que precede la santa Comunión? Entonces, al repetir la oración: "Señor, no soy digno...", terminaré con fe: "pero una palabra tuya bastará...", y al decir "una palabra" me refiero a esa palabra tuya que no tiene límites de poder, que es capaz de realizar la transformación de mi corazón, la sanación de mi alma, **ahora** mismo.

¿Sólo la sanación? O tal vez —como el loco, como el *violento* que arrebata el Reino de los Cielos— le diré a Jesús: *una palabra tuya bastará para* **santificarme**. No debería poner límites a su poder infinito y a su misericordia infinita. De hecho puede suceder que Él, Dios presente en la Eucaristía, en virtud de esas palabras maravillosas, en cierto momento realice mi transformación.

Y un día realizarás esa transformación en mí, cuando te acoja en mi corazón. Serás sólo Tú, mi Dios y Señor, mi única esperanza. Y serás Tú quien en la santa Comunión te unas a mí en el amor.

Todo esto parece una locura pero, al venir a mí en la Eucaristía, Jesús de verdad me ama hasta la locura. Y verdaderamente hasta la locura desea morar en mí, santificarme, dándoseme, junto con el regalo de mi santidad. Y con ello, todo lo demás: la participación en su gloria, cuyo anticipo se hace presente sobre el altar.

Amor indefenso

"Estoy a la puerta y llamo..." (Ap 3, 20).

Pero Tú, Jesús presente en la Eucaristía, quieres que yo también llame a la puerta, que también golpee. Tú, que quieres depender de mí, hombre de poca fe, deseas suscitar en mí la oración.

Estoy encerrado en mí mismo. No soy capaz, no quiero abandonarme a mí mismo; sin embargo me encuentro frente a la puerta que conduce a tu Corazón Eucarístico, por la que debería querer entrar. Enséñame a llamar, enséñame a tocar la puerta, porque constantemente me quiero maltratar, herir... Y tal vez no tengo esperanza de que esa puerta se abra algún día. O tal vez no lo deseo.

No es tan fácil llamar a la puerta, porque significa esperar, entrar en comunión, y yo no sé cómo hacerlo.

Por lo tanto, enséñame, Señor Jesús oculto en la Eucaristía, a esperarte cada vez más, a entrar cada vez más en comunión contigo. Un niño es capaz de llamar pateando la puerta, pero yo sigo sin ser niño; no golpeo fuertemente la puerta porque sigo necesitándote demasiado poco.

Dios mío, presente en la Eucaristía, convénceme de que es muy fácil encontrarse del otro lado de esa puerta que conduce a tu Corazón, porque cuando soy pequeño, cuanto te necesito, eres el primero en abrir la puerta ante mí. Tú te apresuras a abrir mucho más rápido de lo que yo me apresuro a entrar.

La verdad es que ya abriste esa puerta. Yo soy el que la cierro. Me encierro detrás de ella, sucumbo a la locura de maltratarme, de huir. Sólo tu presencia eucarística puede enseñarme cómo he de tranquilizarme, al menos por un momento; cómo escuchar para encontrarme por fin en tus brazos, para convencerme de quién eres en verdad.

Quiero decirte, Señor Jesús presente en la Eucaristía, que llamo a la puerta únicamente porque Tú me lo permites. Finalmente debería reconocer delante de ti que más bien eres Tú el que llama continuamente y que yo soy el que no te quiere abrir. Es admirable que quieras depender de mí, que soy un pecador. Y así es mi santa Misa, muy extraña. ¡Tú estás tan cerca, buscándome hasta el agotamiento, hasta la cruz, y yo, tan indiferente, tan lejano! ¡Mueres por mí, vienes al altar y haces depender de mí el quererte recibir!

Tienes que enseñarme todo, tienes que enseñarme a reconocer tu amor indefenso, tu verdadero rostro, que sigo sin descubrir.

"Si estuvieran verdaderamente convencidos —nos dice Cristo, me dice por medio de santa Catalina de Siena— de que los amo más de lo que ustedes se pueden amar, no conocerían ese movimiento inquieto de la mente, esas eternas tormentas, dificultades, que con frecuencia convierten su vida en un infierno..."

Junto con el sacerdote digo, delante de Dios presente sobre el altar, la maravillosa Oración del Señor, con la palabra más admirable de todas: *Padre*. Esta palabra me ayuda a comprender lo que sucede sobre ese altar.

Convertirse en padre en sentido humano quiere decir hacerse plenamente dependiente de un ser pequeño, frágil, que a la vez es completamente dependiente de su entrañable papá y por eso, poseer el "poder absoluto" sobre su corazón.

Dependemos muchísimo de las personas que dependen de nosotros. El más fuerte es totalmente indefenso ante el más débil. Amar a ese ser pequeño significa inevitablemente depender de él, darle "poder absoluto" sobre uno mismo.

Sólo gracias a esa analogía se abre paso hacia mí el rayo de luz de la fe, con el que empiezo a comprender cómo me ama Dios. Me ama, y por eso me da poder sobre Él. Fue martirizado en la cruz porque me amó y, amándome, se entregó a mí. Se hizo de Él lo que se quiso, lo recibí y quedó a mi disposición.

La luz de la fe me irá llevando a conocer esta verdad: Jesús aquí, sobre el altar, siempre es "más débil" ante mí, porque ama. Puedo renunciar a Dios, olvidarlo, pero Él no puede renunciar a mí ni olvidarme. Puedo dejar de ser hijo, pero Él no puede dejar de ser Padre. Dios presente en la Eucaristía siempre será "más débil" con relación a mí, porque siempre me ama.

Amar significa volverse indefenso ante la persona amada, es abrirse a la posibilidad de ser herido, pues sólo puede herirme la persona a la que amo. Y cuanto más la amo tanto más puede herirme.

Para entender al menos un poco la grandeza de esta apertura al riesgo de ser herido, en Jesús presente y actuante en la Eucaristía, hay que hacer referencia al grado de su amor. En este Sacramento admirable se manifiesta el amor "más grande": "... en el Sacramento eucarístico Jesús sigue amándonos «hasta el extremo», hasta el don de su Cuerpo y de su Sangre"[27]. Nunca ahondaré lo suficiente en la comprensión de este amor. Contemplaré por mucho tiempo el altar, las especies eucarísticas, pero seguirá siendo para mí un misterio la inmensidad del amor de Dios, la inmensidad de su ser indefenso, abierto a la posibilidad de ser herido. No obstante, el Cordero Eucarístico quiere darme toda la eternidad para ahondar en su amor infinito; y esto será fuente de mi admiración y de mi felicidad sin fin.

---

27. Benedicto XVI, *Sacramentum caritatis*, 1.

Si ya acá en la tierra le permito a la Eucaristía actuar plenamente en mí, si le permito a esa gracia abarcarme, en algún grado podré descubrir el verdadero rostro de Jesús, tan indefenso, tan "débil" ante mí. Y puede ser que ocurra conmigo lo que sucedió con san Pablo. Cuando él perseguía fervientemente a Jesús en sus discípulos, comprendió que le había permitido perseguirlo, porque como lo amaba, se volvió muy indefenso ante él, y en ello descubrió lo prodigioso que es el amor del Señor. Este descubrimiento del rostro de Jesús empujaría a Pablo, hasta el fin de su vida, a decidirse siempre por la locura, movido por el amor a Él.

"Yo le mostraré —dijo el Señor— todo lo que tendrá que padecer por mi nombre" (Hch 9, 16). Pero también hizo de él un pilar excepcional de la Iglesia. Pablo no podía haber imaginado la asombrosa historia de su vida, no podía haberla deseado y, en este sentido, no podía haber previsto por qué camino sería conducido por Dios.

Tal vez conmigo suceda algo semejante que con Abraham. Él no podía prever el camino por el que Dios lo conduciría. Hoy ya sabemos que la descendencia a él prometida y la Tierra Prometida resultaron superar infinitamente todo lo que él pudo haber imaginado. En vida vio con sus ojos humanos la tierra de Canaán ocupada, constantemente fue nómada. Sin embargo, gradualmente fue madurando en una fe tan grande que fue llamado padre de nuestra fe. Maduró en la fe cuando ofreció a su hijo en sacrificio, de tal manera, que muchos cristianos no serían capaces de ponerse en su lugar. Él no podría haber imaginado o esperado un futuro así. Y precisamente este santo, como se dijo arriba, es el padre de nuestra fe.

Si descubro al menos un poco del amor —amor hasta la locura— de Jesús Eucarístico por mí, y si llego a desear unirme a Él, esto no ocurrirá de la forma en la que yo lo imagino o según mis expectativas. Recibiré esta unión por voluntad de Otro, de Dios, no por mi propia voluntad. Cuando reflexiono acerca de las personas llamadas por Dios, particularmente amadas por Él, advierto lo mucho que la gracia de la Eucaristía tuvo que haberlos labrado; su vocación, sometida a la prueba, sufrió desengaños, sus esfuerzos apostólicos resultaron ser muy fallidos, y esto ocurrió por causas humanas comunes, vinculadas a la intriga, a la codicia o ineptitud de alguien.

Sin embargo, después de todos esos fracasos, al final descubren que se trataba de fracasos aparentes. Aunque a su alrededor hay montones de escombros, de ruinas, en una larga y silenciosa oración de fe, se dan cuenta de que esos son escombros de ilusiones, que esas son ruinas de ficción.

Comienzan a comprender que ese insondable amor de Dios, que a los ojos humanos aparentemente fracasó en la cruz aquí, en la Eucaristía que actualiza su Sacrificio, atrae continuamente al ser humano y engendra siempre nuevos santos. Y engendrándolos, les enseña que sus manos vacías tienen un sentido oculto, que sus existencias fallidas ofrecidas a Él lo son sólo aparentemente.

Entonces reciben la luz para comprender que todo lo que Jesús quiso fue lo mejor; que su propia voluntad los condujo a resultados fatales, que tienen apariencia de ruina. Y que, sin embargo, no vale la pena llorar, ya que son sólo escombros de ilusiones.

Al final descubren que en realidad Dios escondido en la Eucaristía quiso que todo lo que habían acumulado para Él resultara innecesario, porque Él no necesita nuestras obras, no espera nuestros resultados. Él solamente nos necesita a nosotros mismos; así: desnudos, débiles; habiendo por fin descubierto que sólo lo tenemos a Él.

Y ahora, al ser conscientes de que nada tienen, pueden hacer espacio a la gracia, que obrará en ellos actos de amor puro; actos que —como escribe san Juan de la Cruz— más provecho hacen a la Iglesia que todas las otras obras juntas[28].

Mira —me dice Jesús presente en la Eucaristía—: *tu orgullo ha sido aniquilado. Nadie te necesita. Vives sin satisfacción de ti mismo. Oras con las palabras: "Señor, nada tengo y nada bueno he hecho en toda mi vida".*

Y cuando oro así, la respuesta de quien desde el altar eucarístico conquista a las almas para la santidad es extraordinaria: *Eres mi amor y mi gloria.*

---

28. Cf. San Juan de la Cruz, *Cántico espiritual*, 28, g2.

Me complazco mucho en ti, precisamente porque piensas que eres inservible para todos; pero Yo hago de ti mi más puro reflejo, ya que te conduzco hacia mí por un camino tan maravilloso que ni siquiera podrías haberlo imaginado.

A PROPÓSITO DE PARACLETE PRESS

Paraclete Press es una casa editorial de libros, grabaciones, y DVDs sobre la espiritualidad cristiana. Nuestros productos representan una expresión completa de la creencia y la práctica cristiana—desde la católica hasta la evangélica, desde la protestante hasta la ortodoxa.

Somos la rama editorial de la Comunidad de Jésus, una comunidad ecuménica monástica en la tradición benedictina. Como tal, estamos en una posición excepcional sin relación a ninguna sociedad anónima grande y con relaciones informales con muchas ramas y denominaciones de la fe.

Lo que hacemos
Libros

Paraclete Press edita libros que muestran la riqueza y la profundidad de lo que significa ser cristiano. Aunque la espiritualidad benedictina es el alma de todo lo que hacemos, editamos libros que reflejan la experiencia cristiana a través de muchas culturas, épocas, y casas de adoración. Editamos libros que alimentan la vida vibrante de la iglesia y de su pueblo—libros acerca de la práctica espiritual, la formación, la historia, las ideas, y las costumbres.

Tenemos distintas series, inclusos los superventas de las series de la Living Library (la Biblioteca viva), los "Paraclete Essentials" (Libros Esenciales de Paraclete), los "Paraclete Giants" (los Gigantes de Paraclete); "A Voice from the Monastery" (Una Voz desde el Monasterio)— monjes y monjas que escriben de llevar la vida espiritual hoy en día; novelas sobre la fe y poesías que han ganado premios; y la "Active Prayer Series" (Serie sobre la Oración Activa) qui traen la creatividad y la vivacidad a cualquiera vida de oración.

Grabaciones

Desde el canto gregoriano hasta las obras corales norteamericanas contemporáneas, nuestras grabaciones musicales celebran la música coral sagrada a través de los siglos. Paraclete Press distribuye las grabaciones del coro aclamado internacionalmente Gloriæ Dei Cantores, elogiado por su "intensidad espiritual cautivatora e insondable" por *American Record Guide*, et la Gloriæ Dei Cantores Schola, que se especializa en el estudio y la interpretación del canto gregoriano. Paraclete es también la compañía distribuidora de las grabaciones del Coro Monástico de la Abadía de San Pedro en Solesmes (Francia), reconocida mundialmente como una autoridad importante sobre el canto gregoriano.

DVDs

Nuestros DVDs ofrecen la ayuda espiritual, la curación interior, y los consejos bíblicos para los asuntos de la vida: la pesadumbre, las pérdidas, el matrimonio, el perdón, el control de la ira, cómo afrontar la muerte, y la formación espiritual.

Para aprender más, les invitamos
a visitar nuestro sitio web:
www.paracletepress.com,
o a llamarnos gratuitamente al 1-800-451-5006

USA TU
SMARTPHONE
PARA LEER
ESTE SÍMBOLO

Usted también podría estar interesado en. . .

EL MISTERIO DE LA

FE

Padre Tadeusz Dajczer

Se le anima a vivir la Eucaristía.

   Apareció por primera vez en su polaco original a fines de 2007, *El Misterio de la Fe* vio rápidamente seis ediciones en la Polonia natal del autor. Publicado también en alemán, ruso y lituano, *El Misterio de la Fe* ha impactado la espiritualidad católica en todo el mundo. Junto con *Asombrosa cercanía*, *El Misterio de la Fe* comprende todas las reflexiones del Padre Tadeusz Dajczer sobre este tema disponibles en la actualidad.

"Para cualquier persona cuya experiencia con el más sagrado de los sacramentos se ha convertido en rutina o pasado, este libro realmente nos detenga a pensar."
                              —Conca Dave, Caballeros de Colón.

ISBN: 978-1-55725-687-4 | Libro de bolsillo | $13.99

Disponible desde Paraclete Press
www.paracletepress.com   1-800-451-5006